이렇게

워드프로세서
필기 기본서

기출공략집

"이" 한 권으로 합격의 "기적"을 경험하세요!

YoungJin.com Y.
영진닷컴

차례

대표 기출 75선

상시 기출문제

상시 기출문제 정답 & 해설

구매 인증 PDF

CBT 기출문제
01~05회 PDF

워드프로세서 필기
핵심요약 PDF

※ **참여 방법** : '이기적 스터디 카페' 검색 → 이기적 스터디 카페(cafe.naver.com/yjbooks) 접속 → '구매 인증 PDF 증정' 게시판 → 구매 인증 → 메일로 자료 받기

기출공략집

1과목 워드프로세싱 용어 및 기능

참고 파트01-챕터01-섹션01

 합격 강의

01 | 워드프로세서의 구성

- 입력 장치 : 키보드, 마우스, 스캐너, 디지털 카메라, OMR(광학 마크 판독기), OCR(광학 문자 판독기), BCR(바코드 판독기), 터치 패드 등
- 표시 장치 : CRT, LCD, PDP 등
- 저장 장치 : 하드 디스크, 플로피 디스크, USB 메모리 등
- 출력 장치 : 프린터, 플로터, COM(마이크로필름) 등

다음 중 워드프로세서의 기능을 수행하는 장치에 대한 설명으로 옳지 않은 것은?

① 입력 장치에는 스캐너, 터치 패드 등이 있다.
② 표시 장치에는 LCD, CRT 등이 있다.
③ 전송 장치에는 프린터 등이 있다.
④ 저장 장치에는 하드 디스크, 플로피 디스크 등이 있다.

참고 파트01-챕터02-섹션04

 합격 강의

02 | 인쇄 관련 단위

- CPS(Character Per Second) : 1초에 인쇄할 수 있는 문자 수 (인쇄 속도 단위)
- LPM(Line Per Minute) : 1분에 인쇄할 수 있는 줄 수(인쇄 속도 단위)
- PPM(Page Per Minute) : 1분에 인쇄할 수 있는 페이지 수(인쇄 속도 단위)
- DPI(Dot Per Inch) : 1인치에 인쇄되는 점의 수(인쇄 품질 단위)

다음 중 인쇄 관련 단위에 대한 설명으로 옳은 것은?

① CPS : 1초에 인쇄할 수 있는 단어의 수
② LPM : 1분에 인쇄되는 점의 수
③ PPM : 1분에 인쇄할 수 있는 페이지 수
④ DPI : 1인치에 인쇄할 수 있는 줄 수

참고 파트01-챕터04-섹션02

 합격 강의

03 | 사내문서의 구성

- 수신자와 발신자는 직위명을 사용해도 됨
- 문서 번호는 다른 문서와 구별되는 표시가 되며 문서의 왼쪽 상단에 표시함
- 발신 연월일은 문서 상단 오른쪽에 쓰고 마지막 글자를 오른쪽에 맞추어 정렬함. 연, 월, 일을 생략할 경우 마침표(.)를 찍어서 대신함
- 수신자명은 문서를 받아볼 상대방으로 직명과 성명만 기입함
- 발신자명은 그 문서 내용에 책임을 지는 발신자의 성명을 기재함
- 문서의 아래에 담당자명을 기록함
- 발신인은 일반적으로 그 문서의 내용을 실제로 처리한 담당자를 입력함

다음은 사내문서 형식에 대해 기술한 것이다. 이 중에서 바르지 않은 것은?

① 발신일자는 용지의 오른쪽 윗부분에 기록하도록 되어 있다.
② 수신자명은 직명과 성명만을 쓰는 것이 좋다.
③ 문서 내용에 따라서 맨 끝에 담당자명을 쓰는 것이 좋다.
④ 발신자명은 직명과 개인명 모두 써야 한다.

정답 01 ③ 02 ③ 03 ④

04 | 문단 모양

- 왼쪽 여백, 들여쓰기, 오른쪽 여백을 모두 합친 크기가 가장 큰 것이 첫 행의 길이가 가장 짧음
- 들여쓰기가 적용된 문단 첫 행의 길이 : 들여쓰기는 문단의 첫 번째 행에 적용되기 때문에 문단의 첫 행 길이에 영향을 줌. 따라서 들여쓰기가 적용된 전체 여백은 왼쪽 여백, 들여쓰기, 오른쪽 여백을 모두 합해야 함
- 내어쓰기가 적용된 문단 첫 행의 길이 : 내어쓰기는 문단의 두 번째 행에 적용되기 때문에 문단의 첫 행 길이에 영향을 주지 않음. 따라서 내어쓰기가 적용된 전체 여백은 왼쪽 여백, 오른쪽 여백을 합한 것임

다음 중 같은 크기의 편집 용지에 문단 모양을 다음과 같이 적용했을 때 문단 첫 행의 길이가 가장 짧아지는 것은 어느 것인가?

① 왼쪽 여백 5, 내어쓰기 4, 오른쪽 여백 4
② 왼쪽 여백 6, 들여쓰기 2, 오른쪽 여백 0
③ 왼쪽 여백 4, 내어쓰기 2, 오른쪽 여백 2
④ 왼쪽 여백 4, 들여쓰기 2, 오른쪽 여백 4

오답 피하기

① 5+4=9, ② 6+2+0=8, ③ 4+2=6, ④ 4+2+4=10으로 모두 합친 크기가 가장 큰 ④의 문단 첫 행의 길이가 가장 짧다.

05 | 번호식 문서 정리 방법

[장점]
- 장기간에 걸쳐 사용되는 경우에 사용되고 명칭보다 번호를 기준으로 하는 업무에 사용됨 ⑩ 특정사건 or 계약
- 빠른 속도로 보관 대상 문서가 늘어나는 경우에 사용되며 기밀을 유지할 수 있음
- 문서가 일련번호로 정리되기 때문에 찾기가 쉬움

[단점]
- 인건비, 비용이 많이 듦

번호식 문서 정리 방법(Numeric Filing System)의 설명으로 옳은 것은?

① 번호식 문서 정리 방법은 주제별 정리 시에도 공통적으로 이용되며, 모든 문서 배역에 기초를 형성한다.
② 번호식 문서 정리 방법은 직접적인 정리와 참조가 가능하며 색인이 필요 없다.
③ 명칭 특히 조직명의 표시 방법에 관련하여 문서가 분산되기 쉽다.
④ 번호식 문서 정리 방법은 문서를 구별하거나 부를 때에 번호를 사용할 수 있어 기밀을 유지하는 데 유용하다.

참고 파트01-챕터06-섹션02

06 | 파일링 시스템

- 정의 : 문서관리에 있어 원하는 문서를 언제든지 쉽게 찾아볼 수 있고 필요 없는 문서는 적시에 폐기할 수 있도록 문서를 유형별로 정리, 보관, 폐기하는 일련의 제도
- 목적 : 신속한 검색, 개방화, 원활한 정보 전달, 정확한 의사 결정, 시간과 공간의 절약, 사무환경의 정리와 기록물의 효과적인 활용
- 기본 원칙 : 개인별 점유 · 보관의 금지, 문서의 소재 명시, 문서검색의 용이화와 신속성, 문서의 적시 폐기, 파일링 방법의 표준화

다음은 파일링(Filling System)의 목적이 아닌 것은?

① 파일링의 목적은 문서 · 기록의 보관, 활용, 시간 절약이다.

② 파일링은 정보처리활동을 관리하고 각종 정보를 효율적으로 보관하기 위한 것이다.

③ 파일링 시스템은 필요한 문서를 필요한 시기에 곧바로 꺼내 볼 수 있도록 문서를 체계적으로 정리 · 보관하는 것이다.

④ 파일링은 업무의 효율화를 위해 다양한 형태의 문서와 자료를 일관성있게 전자적으로 통합 관리하는 것이다.

참고 파트01-챕터02-섹션01

07 | 유니코드(KS X 1005-1)

- 유니코드는 모든 문자를 2바이트로 처리
- 문자를 2바이트로 처리하므로 기억 공간을 많이 차지
- 완성형 한글 코드와 조합형 한글 코드의 장점을 모두 가지므로 정보 교환 시 충돌이 없음
- 외국 소프트웨어의 한글화가 쉽고, 한글을 모두 가나다순으로 정렬
- 완성형과 조합형을 동시에 사용할 수 있고 전 세계 모든 문자를 표현할 수 있음

다음 중 유니코드(KS X 1005-1)에 대한 설명으로 옳지 않은 것은?

① 한글, 한자, 영문, 공백 등의 문자를 2Byte로 표현한다.

② 외국 소프트웨어의 한글화가 쉽고 전 세계 모든 문자를 표현할 수 있다.

③ 정보 교환 시 제어 문자와 충돌이 발생할 가능성이 커 주로 정보 처리용으로 사용된다.

④ 완성형 한글 코드에 비해 많은 기억 공간을 사용한다.

참고 파트01-챕터02-섹션02

08 | 표시 기능

- 포인트 : 인쇄에서 활자의 크기를 나타내는 단위(1포인트 = 1/72인치 = 0.351mm)
- 장평 : 글자의 세로 크기는 그대로 유지하면서 글자의 가로 폭을 줄이거나 늘려서 글자의 모양에 변화를 줌
- 자간 : 문자와 문자 사이의 간격을 의미
- 줄 간격 : 윗줄과 아랫줄의 간격으로 그 문단에서 가장 큰 글씨의 높이에 비례하여 줄 간격이 설정되는 '비례 줄 간격'을 디폴트로 제공

다음 중 워드프로세서의 표시 기능에 대한 설명으로 옳지 않은 것은?

① 포인트는 문자의 크기 단위로 1포인트는 보통 0.351mm이다.

② 장평이란 문자의 가로 크기에 대한 세로 크기의 비율을 말한다.

③ 줄(행) 간격이란 윗줄과 아랫줄의 간격으로 단위는 줄에서 크기가 가장 큰 글자를 기준으로 간격을 조정하는 비례 줄 간격 방식을 디폴트로 제공한다.

④ 자간이란 문자와 문자 사이의 간격을 의미한다.

정답 06 ④ 07 ③ 08 ②

▶ 합격 강의

09 | 영역(블록) 지정

- 단어 : 해당 단어에서 마우스로 두 번 클릭
- 행(줄) : 화면의 왼쪽 끝에서 마우스 포인터 모양이 바뀌면 한 번 클릭
- 문단 : 화면의 왼쪽 끝에서 마우스 포인터 모양이 바뀌면 두 번 클릭
- 문서 : 화면의 왼쪽 끝에서 마우스 포인터 모양이 바뀌면 세 번 클릭

다음 중 마우스로 영역(블록)을 지정하는 방법으로 옳지 않은 것은?

① 한 단어 영역 지정 : 해당 단어 앞에서 마우스 포인터를 놓고 세 번 클릭한다.
② 한 줄 영역 지정 : 해당 줄의 왼쪽 끝으로 마우스 포인터를 이동하여 포인터가 화살표로 바뀌면 클릭한다.
③ 문단 전체 영역 지정 : 해당 문단의 왼쪽 끝으로 마우스 포인터를 이동하여 포인터가 화살표로 바뀌면 두 번 클릭한다.
④ 문서 전체 영역 지정 : 문단의 왼쪽 끝으로 마우스 포인터를 이동하여 포인터가 화살표로 바뀌면 세 번 클릭한다.

  ▶ 합격 강의

10 | 조판 기능

- 본문과 상관없이 각 페이지 위쪽에 고정적으로 들어가는 글을 머리말, 아래쪽에 고정적으로 들어가는 글을 꼬리말이라 함
- 문서의 내용을 설명하거나 인용한 원문의 제목을 알려주는 보충 구절로 각주는 해당 페이지 하단에 표기하고, 미주는 문서의 맨 마지막에 모아서 표기
- 각주의 길이는 본문의 크기에 영향을 줌
- 머리말과 꼬리말은 홀수쪽, 짝수쪽, 양쪽에 다르게 지정할 수 있음
- 머리말과 꼬리말에 페이지 번호, 장 제목 등이 들어감

다음 중 조판 기능에 대한 설명으로 옳지 않은 것은?

① 머리말은 문서의 각 페이지 위쪽에 고정적으로 들어가는 글이다.
② 각주는 특정 문장이나 단어에 대한 보충 설명들을 해당 페이지의 하단에 표시한다.
③ 미주는 문서에 나오는 문구에 대한 보충 설명들을 문서의 맨 마지막에 모아서 표기한다.
④ 꼬리말은 문서의 모든 쪽에 항상 동일하게 지정해야 한다.

합격 강의

11 | 인쇄 용지

- 낱장 용지의 규격은 전지의 종류와 전지를 분할한 횟수를 사용하여 표시하고 A판과 B판으로 나누며 가로 : 세로의 비는 1 : √2
- A판과 B판 모두 번호가 작을수록 면적이 큼
- 같은 번호일 경우에는 A판보다 B판이 더 큼
- A4 용지의 규격은 210mm×297mm
- 연속 용지는 한 행에 출력되는 문자 수에 따라 80자, 132자 용지가 있음
- 공문서의 용지 크기는 특별한 사유가 있는 경우를 제외하고는 A4(210mm×297mm)로 함

다음 중 인쇄 용지에 대한 설명으로 옳은 것은?

① 낱장 용지의 가로 : 세로의 비율은 모두 √2 : √3 비율이다.
② 공문서의 표준 규격은 B4(257mm×364mm)이다.
③ 연속 용지는 한 행에 인쇄할 수 있는 문자의 수에 따라 A판과 B판 용지로 구분된다.
④ 낱장 용지의 규격은 전지의 종류와 전지를 분할한 횟수를 사용하여 표시한다.

 합격 강의

12 | 교정부호

- ⌒ : 자리 바꾸기
- ⌒ : 줄 잇기
- ✑ : 수정
- ⌐ : 들여쓰기
- √ : 사이 띄우기
- ⌐ : 줄 바꾸기

〈보기 1〉의 문장이 〈보기 2〉의 문장으로 수정되기 위해 필요한 교정부호들로만 올바르게 짝지어진 것은?

〈보기 1〉

아름다운 조국의 강산을 우리 모두의 힘으로 가구어나가자.

〈보기 2〉

조국의 아름다운 강산을 우리 모두의 힘으로 가꾸어 나가자.

① √, ⌒, ⌒
② ⌐, ⌒, ⌐
③ ⌒, ✑, √
④ ⌒, √, ⌐

오답 피하기

아름다운 조국의 강산을 우리 모두의 힘으로 가꾸어나가자.

 합격 강의

13 | 상반되는 교정부호

- √(사이 띄우기) ↔ ⌒(붙이기)
- ⌣(삽입) ↔ ✑(삭제)
- ⌐(줄 바꾸기) ↔ ⌒(줄 잇기)
- ⌐(들여쓰기) ↔ ⌐(내어쓰기)
- ⌐(끌어 내리기) ↔ ⌐(끌어 올리기)

다음 중에서 서로 상반되는 의미를 갖는 교정부호로 짝지어지지 않은 것은?

① ⌒, √
② ⌐, ⌐
③ ⌣, ✑
④ ✿, ⌐

14 │ 문서 분량 관련 교정부호

- 문서 분량이 증가할 수 있는 교정부호 : ＞, ✓, ⌐, ⌐,
  ↻,
- 문서 분량이 감소할 수 있는 교정부호 : ↶, ⌒, ⌒, ⌐,
  ↺
- 분량과 관계없는 교정부호 : ⌒, ✿, ↶

다음 중 문서의 분량이 증가할 가능성이 있는 교정부호들로만 올바르게 짝지어진 것은?

① ↺, ✓, ⌐
② ↺, ⌣, ⌒
③ ⌒, ⌒, ✿
④ ✿, ✓, ⌒

15 │ 전자결재 시스템의 특징

- 표준화 : 문서 작성과 유통을 표준화시켜 일반 사용자가 간편하게 작성할 수 있음
- 실명성 : 문서에 작성자의 이름이 자동으로 삽입되어 실명제를 실현함
- 투명성 : 실명제를 통해 문서 유통의 투명성을 높여줌
- 단순화 : 문서 양식을 단순화시키고 사무처리의 신중성을 제고함

다음 중 전자결재 시스템의 특징에 대한 설명으로 가장 적절하지 못한 것은?

① 문서 유통의 투명성
② 문서 작성의 실명제
③ 문서 양식의 단순화
④ 문서 작성과 유통의 대량화

16 │ 전자출판 관련 용어

- 디더링(Dithering) : 제한된 색상을 조합 또는 비율을 변화하여 새로운 색을 만드는 작업
- 리딩(Leading) : 인쇄에서 한 행의 하단에서 다음 행 상단 사이의 간격
- 리터칭(Retouching) : 기존의 이미지를 다른 형태로 새롭게 변형·수정하는 작업
- 스프레드(Spread) : 대상체의 컬러가 배경색의 컬러보다 엷을 때 배경색에 가려 대상체가 보이지 않는 현상
- 오버프린트(Overprint) : 문자 위에 겹쳐서 문자를 중복 인쇄하는 작업이나 배경색이 인쇄된 후 다시 대상체 컬러를 중복 인쇄하는 방법
- 커닝(Kerning) : 글자와 글자 사이를 미세하게 조정하는 작업으로 특정 문자의 간격을 조정
- 필터링(Filtering) : 작성된 이미지를 필터 기능을 이용하여 여러 가지 형태의 새로운 이미지로 탈바꿈해 주는 기능

다음 중 전자출판(Electronic Publishing) 용어에 대한 설명으로 옳지 않은 것은?

① 디더링(Dithering) : 제한된 색상을 조합 또는 비율을 변화하여 새로운 색을 만드는 작업
② 리딩(Leading) : 자간의 미세 조정으로 특정 문자들의 간격을 조정
③ 스프레드(Spread) : 대상체의 컬러가 배경색의 컬러보다 엷어서 대상체가 보이지 않는 현상
④ 리터칭(Retouching) : 기존의 이미지를 다른 형태로 새롭게 변형시키는 작업

참고 파트01-챕터03-섹션01 ▶합격 강의

17 | 전자출판의 특징

[장점]
- 출판 내용에 대한 추가 및 수정이 신속하고 용이
- 출판물의 제공뿐만 아니라 부가 정보 및 서비스가 가능
- 출판물 제공자와 수용자 간의 상호 대화가 가능한 양방향 매체
- 출판물 내용에 대하여 수용자가 원하는 부분만 전송 가능
- 다수의 사용자가 동시에 같은 내용에 접근하여 이용 가능
- 출판 과정의 개인화가 가능
- 출판과 보관에 필요한 비용 감소

[단점]
- 컴퓨터와 소프트웨어의 사용법 숙지 필요
- 컴퓨터에 전원이 공급되어야 출판물 내용 확인 가능
- 출판물의 전체 내용 비교 · 분석의 어려움
- 저장 매체의 일부 손상 시 전체 자료를 보지 못함

다음 중 전자출판의 특징으로 옳지 <u>않은</u> 것은?

① 저장 매체의 일부가 손상되어도 전체 자료를 볼 수 있다.
② 문자나 소리, 그림, 동영상 등의 멀티미디어 요소의 복합적인 표현이 가능하다.
③ CD-ROM 등을 저장 매체로 이용하여 보관 공간을 줄이고 영구적인 보관이 가능하다.
④ 컴퓨터 통신망을 이용하여 다수의 사용자가 동시에 자료의 사용이 가능하다.

참고 파트01-챕터06-섹션04 ▶합격 강의

18 | 공문서의 업무 편람

- 행정 편람 : 업무 처리 절차와 기준, 장비 운용 방법, 그 밖의 일상적 근무 규칙 등에 관하여 각 업무 담당자에게 필요한 지침 · 기준 또는 지식을 제공하는 업무 지도서 또는 업무 참고서
- 직무 편람 : 단위 업무에 대한 업무 계획, 업무 현황 및 그 밖의 참고 자료 등을 체계적으로 정리한 업무 자료철 등

다음 보기에서 설명하는 편람으로 옳은 것은?

> 단위 업무에 대한 업무 계획, 업무 현황 및 그 밖의 참고 자료 등을 체계적으로 정리한 업무 자료철

① 행정 편람
② 직무 편람
③ 공고 편람
④ 민원 편람

참고 파트01-챕터06-섹션04 ▶합격 강의

19 | 문서의 효력 발생 시기

- 일반 문서 : 수신자에게 도달되면 효력이 발생(도달주의)
- 전자 문서 : 수신자의 컴퓨터 파일에 기록되면 효력이 발생
- 공고 문서 : 고시 또는 공고가 있은 후 5일이 경과한 날로부터 효력이 발생
- 법규 문서 : 공포 후 20일이 지난 날로부터 효력이 발생

다음 중 문서의 효력 발생 시기에 관한 설명으로 옳지 <u>않은</u> 것은?

① 일반 문서인 경우에는 수신자에게 도달된 때 효력이 발생한다.
② 공고 문서인 경우에는 고시 또는 공고가 있은 후 5일이 경과한 날로부터 효력이 발생한다.
③ 전자 문서인 경우에는 작성자의 컴퓨터 파일에 기록된 때로부터 효력이 발생한다.
④ 법규 문서인 경우에는 공포 후 20일이 지난 날로부터 효력이 발생한다.

참고 파트01-챕터06-섹션04 ▶합격 강의

20 | 공문서의 항목 구분

- 첫째 항목 : 1. 2. 3. 4. …
- 둘째 항목 : 가. 나. 다. 라. …
- 셋째 항목 : 1) 2) 3) 4) …
- 넷째 항목 : 가) 나) 다) 라) …
- 다섯째 항목 : (1) (2) (3) (4) …
- 여섯째 항목 : (가) (나) (다) (라) …
- 일곱째 항목 : ① ② ③ ④ …
- 여덟째 항목 : ㉮ ㉯ ㉰ ㉱ …

다음 중 문서 작성 시 내용을 여러 가지 항목으로 구분할 때 넷째 항목의 구분 방법은?

① ㉮, ㉯, ㉰ …
② 가, 나, 다 …
③ (가), (나), (다) …
④ 가), 나), 다) …

정답 17 ① 18 ② 19 ③ 20 ④

참고 파트02-챕터01-섹션01 ▶ 합격 강의

21 | 한글 Windows 10 특징

- 선점형 멀티태스킹(Preemptive Multi-Tasking) : 한 대의 컴퓨터 시스템에서 둘 이상의 작업을 병행하여 처리하는 멀티태스킹 환경으로 운영체제가 제어권을 행사하여 특정 응용 프로그램이 제어권을 독점하는 것을 방지하는 안정적인 체제
- 그래픽 사용자 인터페이스(GUI : Graphical User Interface) : 사용자에게 편리한 사용 환경으로 사용자가 그림으로 된 그래픽 아이콘을 마우스와 키보드를 통해 실행하여 정보를 교환하는 방식의 환경을 제공
- 자동 감지 기능(PnP : Plug and Play) : 컴퓨터에 설치된 새로운 하드웨어를 자동으로 감지하여 하드웨어를 구성하고 충돌을 방지하는 기능으로 주변 장치와 하드웨어가 PnP 기능을 지원하는 BIOS가 있어야 PnP 기능을 사용할 수 있음
- 64비트 지원 운영체제(64Bit Operation System) : RAM 메모리가 4GB 이상이면 완벽한 64비트 CPU를 지원하여 처리 속도가 빠르고 NTFS 파일 시스템을 사용
- 빠른 검색 : 검색 방법이 조금 더 지능적이고 사용자와 친숙 모드로 변경되어, 검색어를 입력하면 기본 라이브러리 폴더뿐만 아니라 다른 위치에 있는 관련 문서, 그림, 음악, 이메일 목록이 항목별로 분류되어 검색
- 장치 스테이지(Device Stage) : 프린터, 스마트폰, MP3 플레이어, 디지털 카메라 등과 같은 다양한 디지털 기기를 PC에서 간편하게 연결하여 사용할 수 있는 기능
- 새 데스크톱(가상 데스크톱) : 개인용 작업과 업무용 작업을 분리하여 하나의 시스템에서 서로 다른 바탕 화면으로 관리
- 마이크로소프트 엣지 : 최신 웹 환경을 반영한 웹 브라우저로 웹 내용 중 필요한 부분을 저장하고 메모하는 등의 기능이 추가되었으며 스마트폰이나 태블릿 PC와 같은 모바일 기기와도 손쉽게 연동될 수 있도록 기능을 향상

다음 보기에서 설명하는 한글 Windows 10 운영체제의 특징으로 옳은 것은?

> 한 대의 컴퓨터 시스템에서 운영체제가 각 작업의 제어권을 행사하며 작업의 중요도와 자원 소모량 등에 따라 우선순위가 높은 작업에 기회가 가도록 우선순위가 낮은 작업에 작동 제한을 걸어 특정 자원 응용프로그램이 제어권을 독점하는 것을 방지하는 안정적인 체제

① 선점형 멀티태스킹
② 그래픽 사용자 인터페이스
③ 보안이 강화된 방화벽
④ 컴퓨터 시스템과 장치 드라이버의 보호

운영체제가 제어권이 있으면 선점형 멀티태스킹(Preemptive Multi-Tasking), 프로그램에 제어권이 있는 것이 비선점형 멀티태스킹(Non-Preemptive Multi-Tasking)이다.

오답 피하기

- 그래픽 사용자 인터페이스(GUI) : 그림으로 된 그래픽 아이콘을 마우스와 키보드를 통해 실행하여 정보를 교환할 수 있는 사용자에게 편리한 사용 환경
- 보안이 강화된 방화벽 : 해커나 악성 소프트웨어가 네트워크나 인터넷을 통해 컴퓨터를 액세스하는 것을 상황에 따라 지능적 또는 사용자 임의로 보안을 설정하고 관리
- 컴퓨터 시스템과 장치 드라이버의 보호 : 문제가 있는 시스템을 이전의 문제 없던 컴퓨터 시스템으로 되돌리는 롤백 기능이 있어 컴퓨터를 마음 놓고 사용할 수 있는 기능을 제공

정답 21 ①

합격 강의

22 | 작업 관리자

- 작업 표시줄에서 바로 가기 메뉴의 [작업 관리자] 또는 Ctrl + Shift + Esc 를 눌러 표시
- [프로세스] 탭 : 실행 중인 앱 목록과 백그라운드 프로세스가 표시되며, 특정 작업에 대해 [작업 끝내기]를 할 수 있음
- [성능] 탭 : CPU 이용률과 속도, 작동 시간, 메모리, 디스크, Wi-Fi 속도, GPU 사용률 등을 표시
- [앱 기록] 탭 : 사용 중인 앱의 CPU 시간, 네트워크, 데이터 통신 연결을 통한 네트워크 활동, 타일 업데이트를 표시
- [시작프로그램] 탭 : 시작프로그램 이름, 게시자, 상태, 시작 시 영향을 표시
- [사용자] 탭 : 현재 로그인 사용자 이름, 연결 끊기 등을 표시
- [세부 정보] 탭 : 실행 중인 프로그램 이름, 사용자 이름, CPU 이용률, 실제 메모리 사용 등을 표시
- [서비스] 탭 : 서비스의 이름, 서비스 프로세스 ID, 서비스에 대한 설명 등을 표시

다음 중 한글 Windows 10의 Windows [작업 관리자] 창에서 확인할 수 있는 사항으로 옳지 않은 것은?

① 실행 중인 응용 앱 목록
② CPU와 메모리의 사용 현황
③ 네트워크 이용률과 연결 속도
④ 프린터 등의 주변 기기 사용 목록

프린터 등의 주변 기기 사용 목록은 [제어판]-[장치 관리자]의 사용자 컴퓨터에 설치된 하드웨어 장치의 목록에서 확인할 수 있다.

 합격 강의

23 | 연결 프로그램

- 파일의 바로 가기 메뉴에 표시되는 [연결 프로그램]에서 선택 가능
- 연결 프로그램 하위 메뉴에서 [다른 앱 선택]으로 변경 가능
- 같은 확장자인 문서를 서로 다른 연결 프로그램으로 지정 불가
- 파일을 삭제해도 연결 프로그램이 삭제되지는 않음
- 연결 프로그램이 지정되어 있지 않은 파일은 사용자가 지정 가능
- 서로 다른 확장자를 갖는 파일들을 같은 연결 프로그램으로 지정 가능

다음 중 한글 Windows 10의 연결 프로그램에 관한 설명으로 옳지 않은 것은?

① 특정한 데이터 파일을 열 때 자동으로 실행되는 응용 프로그램을 의미한다.
② 연결 프로그램은 파일명의 확장자에 따라 응용 프로그램이 결정된다.
③ 확장자가 같은 파일을 여러 개의 응용 프로그램에 연결할 수 있다.
④ 연결 프로그램이 지정되지 않은 파일을 열 때에는 [연결 프로그램] 대화상자에서 사용할 프로그램을 지정해야 한다.

확장자가 같으면 하나의 응용 프로그램에 연결하여 실행된다.

정답 22 ④ 23 ③

24 | 작업 표시줄

- 작업 표시줄은 기본적으로 화면 아래에 표시되고, 상, 하, 좌, 우로 드래그 앤 드롭하여 이동할 수 있음
- 작업 표시줄은 화면의 1/2 정도(50%)까지 변경 가능. 단, 작업 표시줄 잠금이 해제되어 있어야 함

다음 중 한글 Windows 10의 [작업 표시줄]에 대한 설명으로 옳지 않은 것은?

① 작업 표시줄은 현재 실행되고 있는 프로그램 단추와 프로그램을 빠르게 실행하기 위해 등록한 고정 프로그램 단추 등이 표시되는 곳이다.

② 작업 표시줄은 위치를 변경하거나 크기를 조절할 수 있으며, 크기는 화면의 1/4까지만 늘릴 수 있다.

③ '작업 표시줄 잠금'이 지정된 상태에서는 작업 표시줄의 크기나 위치 등을 변경할 수 없다.

④ 작업 표시줄은 기본적으로 바탕 화면의 맨 아래쪽에 있다.

작업 표시줄은 화면의 1/2 크기까지 늘릴 수 있다.

25 | 작업 표시줄 설정

- 작업 표시줄 잠금 : 작업 표시줄이 다른 위치로 이동하지 못하도록 잠그는 기능으로 작업 표시줄에 나타난 모든 도구 모음의 크기와 위치도 변경하지 못함
- 작업 표시줄 자동 숨기기 : 작업 표시줄을 바탕 화면에서 숨겨주는 기능으로 마우스를 작업 표시줄의 위치에 옮기면 표시됨
- 작은 작업 표시줄 단추 사용 : 작업 표시줄의 아이콘을 작게 표시
- 화면에서의 작업 표시줄 위치 : 화면에서 작업 표시줄의 위치를 왼쪽, 위쪽, 오른쪽, 아래쪽 중 선택
- 작업 표시줄 단추 하나로 표시 : 항상 레이블 숨기기, 작업 표시줄이 꽉 찼을 때, 안 함 중 선택하여 표시
- 알림 영역 : 작업 표시줄에 표시할 아이콘 선택과 시스템 아이콘 켜기 또는 끄기 설정

다음 중 한글 Windows 10에서 [작업 표시줄] 창을 이용하여 할 수 있는 작업으로 옳지 않은 것은?

① 작업 표시줄 잠금을 설정할 수 있다.

② 작업 표시줄 자동 숨기기를 설정할 수 있다.

③ 앱을 작업 표시줄에 고정할 수 있다.

④ 시작 메뉴의 표시 위치를 위쪽이나 아래쪽으로만 변경할 수 있다.

시작 메뉴의 표시 위치는 왼쪽, 위쪽, 오른쪽, 아래쪽으로 작업 표시줄과 함께 이동할 수 있다.

26 | 바로 가기 아이콘

- 바로 가기 아이콘은 파일을 빠르게 실행하기 위해 원본 프로그램의 경로를 지정하는 아이콘으로, 확장자는 .LNK를 가지며 원본 파일을 복사하는 것은 아님
- 바로 가기 아이콘의 이름은 사용자가 임의로 지정할 수 있음
- 동일한 폴더에는 같은 이름과 확장자를 가진 파일이나 바로 가기 아이콘이 존재할 수 없음
- 바로 가기 아이콘은 삭제하여도 실제 원본 프로그램이 삭제되는 것은 아님
- 바로 가기 아이콘은 파일이나 폴더뿐만 아니라 네트워크상의 다른 컴퓨터에 대해서도 작성할 수 있음
- 바로 가기 아이콘을 작성할 항목을 [Ctrl]+[Shift]를 누른 채 드래그 앤 드롭하여 작성

다음 중 한글 Windows 10에서 바로 가기 아이콘에 대한 설명으로 옳지 않은 것은?

① 하나의 원본 파일에 대해 바로 가기 아이콘은 여러 개 만들 수 있으며 여러 폴더에 저장할 수 있다.

② 특정 폴더의 바로 가기 아이콘을 바탕 화면에 만들면 해당 폴더의 위치가 바탕 화면으로 옮겨진다.

③ 파일의 바로 가기 아이콘을 삭제해도 원본 파일은 삭제되지 않는다.

④ 네트워크상의 다른 컴퓨터에 있는 디스크 드라이브, 프린터에 대해서도 바로 가기 아이콘을 만들 수 있다.

바로 가기 아이콘은 해당 폴더나 파일을 빠르게 실행하기 위해 경로를 복사한 아이콘으로 바로 가기 아이콘을 바탕 화면에 만들면 아이콘이 만들어지나 해당 폴더의 위치는 원래 위치에 그대로 있다.

합격 강의

27 | 숫자 키패드

- 숫자 키패드의 ★은 Windows 파일 탐색기에서 선택한 폴더의 모든 하위 폴더를 표시
- 숫자 키패드의 ➕는 Windows 파일 탐색기에서 선택된 폴더의 하위 폴더를 표시
- 숫자 키패드의 ➖는 현재 폴더가 확장되었음을 보여주고 ➖를 누르면 [>]로 표시되어 축소됨
- Back Space 를 누르면 상위 폴더가 선택됨
- 왼쪽 방향키(←)는 선택한 하위 폴더가 열려 있으면 닫고, 하위 폴더가 닫힌 상태이면 상위 폴더를 선택함
- 오른쪽 방향키(→)는 선택한 폴더의 하위 폴더를 열고, 하위 폴더가 열려 있는 상태이면 하위 폴더를 선택함

다음 중 한글 Windows 10의 [파일 탐색기] 창에 관한 설명으로 옳지 않은 것은?

① 탐색 창 영역과 파일 영역을 구분하는 세로 선을 마우스로 끌어놓기 하면 각 영역의 크기를 조절할 수 있다.
② 탐색 창 영역에서 폴더를 선택한 후에 숫자 키패드의 ★를 누르면 선택된 폴더의 모든 하위 폴더가 표시된다.
③ 탐색 창 영역에서 ⟩ ▮워드프로세서 와 같이 폴더 앞에 [>] 표시가 있는 폴더는 하위 폴더까지 표시된 상태를 의미한다.
④ 탐색 창 영역에서 키보드의 방향키 ←를 누르면 선택한 폴더의 하위 폴더가 보이면 닫고, 하위 폴더가 닫힌 상태이면 상위 폴더를 선택한다.

[>]는 폴더를 열기할 수 있다는 표시이고, 열려져 있으면 [∨]로 표시된다.

 합격 강의

28 | 폴더 옵션

- [파일 탐색기]의 [보기]-[옵션]-[폴더 및 검색 옵션 변경] : 폴더에 관한 각종 옵션을 지정하는 곳
- [일반] 탭 : 같은 창에서 또는 새 창에서 폴더 열기, 아이콘을 한 번 클릭으로 열기 또는 두 번 클릭으로 열기할 것인지를 설정, 개인정보 보호, 파일 탐색기 기록 지우기 등을 설정함
- [보기] 탭 : 폴더 보기를 모든 폴더에 적용 여부 설정, 탐색 창 표시, 숨김 파일 및 폴더 표시, 알려진 파일 형식의 파일 확장명 숨기기, 제목 표시줄에 전체 경로 표시 등을 선택함
- [검색] 탭 : 폴더에서 시스템 파일을 검색할 때 색인 사용 여부, 색인되지 않은 위치 검색 시 시스템 디렉터리 포함 등을 설정함

다음 중 한글 Windows 10의 [폴더 옵션] 창에서 설정할 수 있는 작업으로 옳지 않은 것은?

① 키보드의 단축키로 폴더를 열기
② 탐색 창에서 모든 폴더를 표시하도록 하기
③ 마우스를 한 번 클릭해서 폴더를 열기
④ 폴더를 찾아볼 때 새 창에서 폴더를 열기

[폴더 옵션] 창
- [일반] 탭에서 새 창에서 폴더 열기, 한 번 클릭해서 열기를 설정함
- [보기] 탭에서 폴더를 보기할 때 모든 폴더에 적용할 수 있음

29 | 파일과 폴더의 검색

- 컴퓨터에 저장된 파일 이름, 폴더, 프로그램 및 전자 메일, 사진 등을 찾는 기능
- 단어나 단어의 일부인 파일이나 폴더 이름, 파일 내용, 태그 및 다른 파일 속성(수정한 날짜, 크기, 종류)을 기준으로 검색
- 검색 연산자 : AND(그리고), OR(또는), NOT(~가 아니다)을 이용하여 검색
- 와일드카드 : ?(물음표)나 *(별표)를 사용하여 검색

다음 중 한글 Windows 10의 검색에 대한 설명으로 옳지 않은 것은?

① 폴더 창에서 검색 필터 조건으로 수정한 날짜를 지정하여 검색할 수 있다.
② 라이브러리 창에서 검색 필터 조건으로 '종류'를 선택하면 PDF 파일들만 검색된다.
③ 특정 드라이브에 저장되어 있는 파일 중 크기가 1MB에서 16KB인 파일들을 검색할 수 있다.
④ 특정 드라이브에 저장되어 있는 파일 중 음악/비디오 파일들을 찾을 수 있다.

검색 필터 종류에는 폴더, 게임, 링크, 동영상, 사진, 비디오 등의 종류는 있으나 PDF 파일의 종류로는 검색할 수 없다.

30 | 파일과 폴더의 관리

- 파일은 서로 관련성 있는 정보의 집합으로 이러한 파일들을 체계적으로 관리하는 저장 장소인 폴더를 두어 관리함
- 파일이나 폴더의 선택 : 연속적인 파일이나 폴더를 선택할 때에는 [Shift]를, 비연속적인 파일이나 폴더를 선택할 때에는 [Ctrl]을, 전체를 선택할 때에는 [Ctrl]+[A]를 누름
- 파일이나 폴더의 복사 : 복사는 원본이 그대로 있고 복사할 때 마우스 포인터 옆에 +(플러스)가 표시되며, 정보가 클립보드에 임시로 기억됨
- 파일이나 폴더의 이동 : 이동은 원본이 새로운 장소로 옮겨지는 것으로 이동할 때 마우스 포인터 옆에 →(화살표)가 표시되며, 정보가 클립보드에 임시로 기억됨
- 파일이나 폴더의 삭제 : 휴지통으로 드래그하거나 키보드 [Delete]로 삭제하면 휴지통에 임시 보관됨
- 파일이나 폴더의 이름 바꾸기 : [홈]-[이름 바꾸기]나 바로 가기 메뉴의 [이름 바꾸기]를 눌러 한글, 영문, 공백을 포함하여 길게 변경할 수 있음

다음 중 한글 Windows 10의 폴더 창에서 파일이나 폴더를 선택하는 방법으로 옳지 않은 것은?

① 비연속적인 파일이나 폴더를 선택하고자 할 때에는 [Ctrl]과 함께 클릭한다.
② 연속적인 파일이나 폴더를 선택하고자 할 때에는 [Shift]와 함께 클릭한다.
③ 여러 개의 파일을 한꺼번에 선택할 경우에는 마우스를 사용하여 사각형 모양으로 드래그한다.
④ 모든 파일과 하위 폴더를 한꺼번에 선택하려면 [Alt]+[A]를 사용한다.

[Ctrl]+[A] 또는 파일 탐색기 창의 [홈]-[모두 선택]으로 모든 파일과 폴더를 한꺼번에 선택할 수 있다.

참고 파트02-챕터02-섹션03 ▶합격 강의

31 | 휴지통

- 한글 Windows 10에서는 필요 없는 파일이나 폴더를 삭제하면 휴지통으로 우선 보관됨
- 휴지통의 속성에서 [파일을 휴지통에 버리지 않고 삭제할 때 바로 제거]를 선택하면 삭제한 파일이 휴지통으로 들어오지 않고 즉시 제거됨
- 휴지통에 삭제한 파일이나 폴더가 있으면 휴지통의 모양이 변경됨
- 휴지통은 크기를 드라이브마다 다르게 설정 가능
- 휴지통의 크기는 휴지통의 속성에서 MB 단위로 조정 가능
- 휴지통을 실행한 후 [휴지통 도구]-[복원]이나 바로 가기 메뉴의 [복원]을 선택하여 복원 가능
- 복원한 파일이나 폴더는 기본적으로 삭제한 원래 위치로 복원
- 휴지통의 파일은 복사는 할 수 없고 잘라내기를 하여 다른 장소로 복원 가능

다음 중 한글 Windows 10의 [휴지통 속성] 창에서 수행할 수 있는 작업으로 옳지 않은 것은?

① 삭제 확인 대화상자의 표시 설정
② 휴지통의 바탕 화면 표시 설정
③ 각 드라이브의 휴지통 최대 크기 설정
④ 파일을 휴지통에 버리지 않고 바로 제거하는 기능 설정

- 휴지통의 속성에서 휴지통의 바탕 화면 표시 설정을 할 수 없음
- 휴지통의 속성에는 휴지통의 최대 크기 설정, 파일을 휴지통에 버리지 않고 삭제할 때 바로 제거, 삭제 확인 대화상자 표시를 할 수 있음

참고 파트02-챕터04-섹션01 ▶합격 강의

32 | 개인 설정

- [배경] : 바탕 화면 배경으로 사용할 사진, 단색, 슬라이드 쇼에서 선택, 맞춤 선택에는 채우기, 맞춤, 확대, 바둑판식 배열, 가운데, 스팬 중 선택
- [색] : 기본 Windows 모드 선택, 기본 앱 모드 선택, 투명 효과, 테마 컬러 선택
- [잠금 화면] : 윈도우가 잠금 화면일 때 배경을 Windows 추천, 사진, 슬라이드 쇼 중 선택
- [테마] : 바탕 화면 배경, 색, 소리, 마우스 커서에 대한 테마 사용
- [글꼴] : Windows 글꼴 추가와 사용 가능한 글꼴 표시
- [시작] : 시작 화면에 대한 설정
- [작업 표시줄] : 작업 표시줄에 대한 설정

다음 중 한글 Windows 10의 [개인 설정] 창에서 할 수 있는 작업으로 옳지 않은 것은?

① 바탕 화면에 새로운 테마를 지정하여 적용할 수 있다.
② 화면 보호기 설정을 사용하여 화면의 해상도를 변경할 수 있다.
③ 사용 가능한 글꼴을 추가하거나 확인할 수 있다.
④ 창 테두리, 시작 메뉴, 작업 표시줄의 색을 변경할 수 있다.

화면의 해상도 설정은 [설정]-[시스템]-[디스플레이]에서 변경할 수 있다.

정답 31 ② 32 ②

▶합격 강의

33 | 사용자 계정

- 사용자의 권한을 부여하는 계정의 종류에는 관리자 계정, 표준 계정이 있음
- [관리자] 계정은 새로운 계정 만들기, 계정의 이름 변경, 계정에 사용된 암호 변경, 암호를 제거, 사진 변경, 프로그램을 설치/제거/실행, 환경 변경의 기능
- [표준] 계정은 제한된 계정으로 계정 이름 변경, 암호 만들기, 사진 변경, 계정 삭제, 프로그램의 표시 및 실행의 기능

다음 중 한글 Windows 10에서 [제어판]의 [사용자 계정] 창에서 실행할 수 있는 것으로 옳지 않은 것은?

① 사용자 계정에 대한 암호 설정

② 계정 유형 변경

③ 사용자 계정 컨트롤 설정 변경

④ 원격 액세스 허용 설정

- 사용자 계정 유형에는 표준 계정, 관리자 계정이 있음
- 관리자 계정에서 계정 이름 변경, 암호 변경, 계정 유형 변경, 다른 계정 관리 등을 설정할 수 있음

오답 피하기

[제어판]의 [시스템]-[원격 설정]의 [원격] 탭에서 이 컴퓨터에 대한 원격 지원 연결 허용을 설정할 수 있다.

▶합격 강의

34 | 마우스 속성

- [단추] 탭 : 왼손잡이 사용자를 위해 오른손과 왼손 단추의 기능을 바꾸거나, 두 번 클릭 속도 조절, 클릭 잠금 사용의 기능
- [포인터] 탭 : 마우스 포인터의 모양 변경, 포인터 그림자 사용
- [포인터 옵션] 탭 : 포인터의 동작 속도, 포인터 자국 표시의 유형을 조절
- [휠] 탭 : 휠 마우스를 사용 시 휠을 돌렸을 때 스크롤되는 양 (100줄) 등의 동작에 대한 설정
- [하드웨어] 탭 : 마우스 장치의 속성을 표시하며 드라이버를 변경해 줄 수 있는 옵션

다음 중 한글 Windows 10의 [마우스 속성] 창에서 가능한 작업으로 옳지 않은 것은?

① 마우스 포인터의 지정

② 포인터의 생성 및 수정, 삭제

③ 휠을 한 번 돌릴 때 스크롤할 양

④ 두 번 클릭의 속도

[마우스 속성] 창에서 포인터를 사용자가 지정할 수는 있어도 포인터의 생성 및 수정, 삭제는 할 수 없다.

오답 피하기

- [단추] 탭 : 두 번 클릭의 속도 조절
- [휠] 탭 : 휠을 한 번 돌릴 때 스크롤할 양 설정
- [포인터] 탭 : 마우스 포인터의 모양 지정

▶합격 강의

35 | 접근성 설정

- 시청각 장애가 있는 사용자의 컴퓨터를 사용하기 쉽게 다양한 옵션을 제공하는 기능
- 돋보기 시작 : 화면의 항목을 더 크게 하려면 돋보기 켜기 기능을 설정
- 내레이터 시작 : 스피커를 켜고 내레이터가 화면의 모든 텍스트를 읽어주기
- 화상 키보드 시작 : 바탕 화면에 화상 키보드 켜기를 설정
- 고대비 설정 : 컴퓨터를 보기 쉽게 설정하기 위해 고대비 테마를 선택
- 모든 설정 살펴보기 : 디스플레이가 없는 컴퓨터 사용, 컴퓨터를 보기 쉽게 설정, 마우스 또는 키보드가 없는 컴퓨터 사용, 마우스를 사용하기 쉽게 설정, 키보드를 사용하기 쉽게 설정, 소리 대신 텍스트나 시각적 표시 방법 사용, 보다 쉽게 작업에 집중할 수 있도록 설정, 터치 및 태블릿을 사용하기 쉽게 설정
- 마우스키 켜기 : 숫자 키패드를 사용하여 화면에서 마우스를 이동
- 고정키 켜기 : 동시에 두 개의 키를 누르기 힘든 경우 Ctrl, Alt, Shift 등을 눌러 있는 상태로 고정하여 여러 키를 누르는 효과주기
- 토글키 켜기 : Caps Lock, Num Lock, Scroll Lock과 같은 하나의 키로 두 가지 기능을 하는 키를 누를 때 신호음을 발생
- 필터키 켜기 : 짧게 입력한 키나 반복되게 입력한 키를 무시하거나 늦추고 키보드의 반복 속도를 조정

다음 중 한글 Windows 10의 [접근성] 창에서 할 수 있는 기능에 대한 설명으로 옳지 않은 것은?

① Windows 로그온 시 자동으로 돋보기 기능을 시작할 수 있게 설정할 수 있다.

② 내레이터 시작 기능을 사용하면 키보드를 사용하여 마우스를 제어할 수 있게 설정할 수 있다.

③ 화상 키보드 시작 기능을 사용하면 키보드 없이도 글자를 입력할 수 있다.

④ 마우스키의 숫자 키패드를 사용하여 마우스 포인터를 이동할 수 있다.

내레이터는 화면의 내용을 설명하는 화면 읽기 프로그램으로 키보드, 터치, 마우스로 내레이터를 제어할 수 있다. 즉, 키보드나 마우스가 가리키는 내용을 읽어주는 기능이다.

36 │ 키보드 속성

- [속도] 탭 : 문자 재입력 시간, 키 반복 속도 테스트, 커서 깜박임 속도를 변경
- [하드웨어] 탭 : 키보드 장치명과 상태 등을 표시하고 드라이버를 제거하거나 업데이트

다음 중 한글 Windows 10의 [키보드 속성] 창에서의 작업으로 가장 거리가 먼 것은?

① 화상 키보드를 바탕 화면에 표시할 수 있다.
② 문자 반복과 커서 깜박임 속도를 조정할 수 있다.
③ 키보드가 올바르게 작동하고 있는지 장치 상태를 확인할 수 있다.
④ 키 반복 속도를 테스트할 수 있다.

화상 키보드는 [제어판]의 [접근성 센터]에서 설정할 수 있다.

37 │ 시스템 속성

- 컴퓨터 이름] : 네트워크상에서 사용되는 컴퓨터의 고유 이름을 변경하거나 설명을 입력하고 작업 그룹의 이름을 확인하여 변경하는 곳
- [하드웨어] : 사용자 컴퓨터에 설치된 하드웨어 장치를 표시하고 [장치 관리자]를 사용하여 각 장치의 속성을 변경
- [고급] : 시각 효과 및 프로세서 일정, 가상 메모리 설정을 하고 사용자 프로필과 시스템 시작과 오류에 대한 디버깅 정보를 설정
- [시스템 보호] : 시스템에 오류가 있을 때 시스템 복원 지점을 만들어 시스템을 이전 상태로 되돌리는 기능
- [원격] : 다른 컴퓨터에서 이 컴퓨터를 사용하는 방법을 선택하고 원격 지원 연결을 허용하도록 설정

다음 중 한글 Windows 10에서 [시스템] 속성 창에 관한 설명으로 옳지 않은 것은?

① 윈도우의 버전을 확인할 수 있다.
② 프로세서의 종류, 메모리, 시스템의 종류를 확인할 수 있다.
③ 컴퓨터의 이름과 작업 그룹을 변경할 수 있다.
④ [제어판]의 [개인 설정]을 실행한다.

시스템 속성 창은 [제어판]의 [시스템]을 실행하여 열 수 있다.

38 │ 글꼴

- 컴퓨터에 설치된 글꼴을 미리 보기하여 표시하거나 삭제하고 숨기는 기능
- 설치할 글꼴을 제어판의 글꼴로 끌어서 설치
- 글꼴은 'C:₩Windows₩Fonts' 폴더를 사용하며 이곳에 파일을 복사하면 각종 윈도우용 응용 프로그램에서 사용 가능
- 글꼴의 바로 가기를 사용하여 글꼴 설치를 허용

다음 중 한글 Windows 10에서 글꼴에 관한 설명으로 옳지 않은 것은?

① 새로운 글꼴을 추가하려면 글꼴 창에서 [온라인에서 글꼴 정보 가져오기] 버튼을 클릭하면 된다.
② 글꼴 파일의 확장자는 .TTF, .TTC 등이 있다.
③ [글꼴] 창에서 설치되어 있는 글꼴을 제거할 수 있다.
④ [글꼴] 창에 나타난 글꼴 크기는 최대 100포인트까지 변경할 수 있다.

글꼴의 크기는 72포인트까지 변경하여 사용할 수 있다.

정답 36 ① 37 ④ 38 ④

합격 강의

39 | 프린터 추가 마법사

- [제어판]의 [장치 및 프린터] 창에서 [프린터 추가]를 클릭
- 네트워크, 무선 또는 Bluetooth 프린터를 검색
- 추가할 장치의 필요한 파일을 시스템에 추가
- 테스트 페이지를 인쇄 확인 후 마침

다음 중 한글 Windows 10에서 네트워크상에 있는 다른 컴퓨터에 연결된 프린터를 공유하고자 할 때 작업 순서로 옳은 것은?

> ㉠ 프린터 이름 입력
> ㉡ [네트워크, 무선 또는 Bluetooth 프린터 추가] 선택
> ㉢ [장치 및 프린터] 창에서 [프린터 추가] 클릭
> ㉣ 프린터 선택

① ㉠ → ㉡ → ㉢ → ㉣
② ㉡ → ㉠ → ㉣ → ㉢
③ ㉢ → ㉡ → ㉣ → ㉠
④ ㉣ → ㉠ → ㉡ → ㉢

프린터의 추가 설치 순서
① [제어판]의 [장치 및 프린터] 창에서 [프린터 추가]를 클릭
② 네트워크, 무선 또는 Bluetooth 프린터를 검색
③ 추가할 프린터의 이름을 입력
④ [테스트 페이지를 인쇄]와 [마침]

 합격 강의

40 | 스풀(SPOOL)

- 스풀은 Simultaneous Peripheral Operation On-Line의 약자로 하드 디스크의 일정 용량을 사용
- 고속의 CPU와 저속의 입출력 장치의 속도 차이를 보완하기 위한 기법
- 인쇄를 하면서 동시에 다른 작업이 가능하므로 컴퓨터 전체의 처리 효율성을 높일 수 있지만, 인쇄 속도는 저하될 수 있음
- 프린터의 속성 창에서 스풀을 설정

다음 중 한글 Windows 10에서 프린터 설치와 사용에 관한 설명으로 옳지 않은 것은?

① 이미 설치된 프린터도 다른 이름으로 다시 설치할 수 있다.
② 한 대의 프린터를 네트워크로 공유하여 여러 대의 컴퓨터에서 사용할 수 있다.
③ 스풀 기능은 저속의 CPU와 고속의 프린터를 병행 사용할 때 효율적이다.
④ 기본 프린터는 한 대만 설정이 가능하며 변경도 가능하다.

스풀 기능은 저속의 프린터와 고속의 CPU 장치를 병행 사용할 때 속도 차이를 극복하기 효율적인 기능이다.

41 | 엔터테인먼트 앱

- [Windows Media Player]는 CD나 DVD를 굽거나 AVI, WMV, ASF 등과 같은 디지털 미디어 파일을 재생
- [볼륨 조정]을 이용하여 PC에서의 소리 전체 수준을 제어하거나 음소거를 설정
- [녹음기]는 자신의 목소리를 녹음하고 사운드는 '.m4a' 확장자로 저장

다음 중 한글 Windows 10에 포함된 멀티미디어 관련 프로그램 및 기능에 관한 설명으로 옳지 <u>않은</u> 것은?

① [Windows Media Player]는 AVI, WMV, ASF 등과 같은 디지털 미디어 파일을 재생할 수 있다.

② [녹음기]를 이용하면 사운드를 녹음하여 'MP3' 확장자를 갖는 파일로 저장할 수 있다.

③ [볼륨 조정]을 이용하여 PC에서의 소리 전체 수준을 제어하거나 음소거를 설정할 수 있다.

④ [Windows Media Player] 창에서 데이터 CD 또는 DVD에 굽기할 수 있다.

[녹음기]에서 사운드는 '.M4A' 확장자로 저장된다.

---

42 | 그림판

- 간단한 그림에서 정교한 그림까지 그릴 수 있고 저장된 그림을 불러와서 편집하는 데 사용
- 기본 파일 저장 형식인 PNG뿐만 아니라 비트맵 형식(BMP), GIF, JPEG, TIFF 등의 이미지 형식을 지원
- 선이나 원, 사각형 등을 그릴 때 Shift와 함께 드래그하면 수직선, 수평선, 45° 대각선, 정원, 정사각형을 그릴 수 있음
- 색 1(전경색)은 마우스 왼쪽 단추로 클릭하여 변경, 색 2(배경색)는 마우스 오른쪽 단추로 클릭하여 변경
- OLE 기능으로 그림판의 그림을 다른 문서에 삽입시킬 수 있음

다음 중 한글 Windows 10의 보조프로그램에 있는 [그림판]에 대한 설명으로 옳지 <u>않은</u> 것은?

① 스마트폰으로 촬영한 jpg 파일을 불러와 편집한 후 png 파일 형식으로 저장할 수 있다.

② 편집 중인 이미지의 일부분을 선택한 후 삭제하면 삭제된 빈 공간은 '색 1'(전경색)로 채워진다.

③ 그림판에서 편집한 그림은 Windows 바탕 화면의 배경으로 사용할 수 있다.

④ 오른쪽 버튼으로 그림을 그릴 경우에는 모두 '색 2'(배경색)로 그려진다.

이미지의 일부분을 삭제하면 빈 공간은 '색 2(배경색)'로 채워진다.

참고 파트02-챕터03-섹션01 ▶합격 강의

43 | 메모장

- 메모장은 윈도우에서 제공되는 서식이 필요 없는 간단한 텍스트 파일을 작성하고 편집하는 프로그램
- 메모장은 글꼴이나 글꼴 크기를 한꺼번에 변경할 수 있으나 글자색은 검정색 외에 변경할 수 없음
- 메모장은 OLE(개체 연결 및 포함) 기능과 자동 맞춤법 기능을 사용할 수 없음
- [파일] 메뉴에서 용지 크기, 인쇄 방향, 여백, 머리글/바닥글을 지정할 수 있음
- 문서의 첫 행 왼쪽에 대문자로 '.LOG'를 입력하면 문서를 열 때마다 현재의 시간과 날짜가 맨 마지막 줄에 자동으로 표시

다음 중 한글 Windows 10의 보조프로그램 중에서 [메모장]에 관한 설명으로 옳은 것은?

① 그림이나 차트 등의 OLE 개체를 삽입할 수 있다.
② 편집하는 문서의 특정 영역(블록)에 대한 글꼴의 종류나 속성, 크기를 변경할 수 있다.
③ 자동 맞춤법과 같은 고급 기능을 제공한다.
④ 서식이 없는 텍스트 형식의 문서만 열거나 저장할 수 있다.

[메모장]은 서식이 없는 텍스트 형식(*.txt, html 등)의 문서를 작성하거나 열기하는 텍스트 편집기로 서식이 있거나 다른 문서와 OLE, 그래픽 기능은 지원되지 않는다.

참고 파트02-챕터05-섹션02 ▶합격 강의

44 | 디스크 조각 모음 및 최적화

- 디스크 내에 흩어져 단편화(Fragmentation)되어 있는 파일이나 폴더의 조각들을 합쳐서 디스크의 처리 속도를 높이는 도구
- 매일, 매주, 매월 일정한 요일, 일정한 시간, 실행할 디스크를 선택하여 진행할 수 있음
- [시작]-[Windows 관리 도구]-[디스크 조각 모음 및 최적화]를 선택하거나 명령 프롬프트 창에서 'defrag.exe'를 입력하여 실행
- 하드 디스크, USB 플래시 드라이브는 조각 모음을 실행할 수 있으나, CD-ROM 드라이브, 네트워크 드라이브, Windows가 지원하지 않는 프로그램으로 압축된 드라이브는 조각 모음을 할 수 없음

다음 중 한글 Windows 10의 [디스크 조각 모음 및 최적화]에 관한 설명으로 옳지 않은 것은?

① 디스크의 접근 속도 향상뿐만 아니라 디스크 용량 증가를 위하여 사용한다.
② Windows가 지원하지 않는 형식의 압축 파일이나 네트워크 드라이브는 수행할 수 없다.
③ 디스크 조각 모음 일정 구성을 통하여 예약 실행을 할 수 있다.
④ 디스크에 조각 모음이 필요한지 확인하려면 먼저 디스크를 분석해야 한다.

45 | 문제 해결 방법

- 메모리가 부족할 때는 가상 메모리를 늘려주거나 열린 프로그램이나 불필요한 목록을 종료
- 디스크 공간이 부족할 때에는 [디스크 정리]를 이용하여 불필요한 파일을 삭제
- 정상적으로 부팅이 되지 않으면 Windows [고급 부팅 옵션]에서 안전 모드로 부팅하여 문제를 해결
- 시스템 속도 문제일 경우에는 디스크 조각 모음을 수행하여 단편화된 디스크 조각을 제거한 후 처리 속도를 높임
- 사용 중인 앱이 갑자기 작동되지 않는 경우에는 작업 표시줄에서 바로 가기 메뉴의 [작업 관리자] 또는 Ctrl + Shift + Esc 를 눌러 나오는 [작업 관리자]–[프로세스] 탭에서 응답 없는 앱을 선택한 후 [작업 끝내기]하여 종료

다음 중 한글 Windows 10에서 프로그램이 응답하지 않는 경우에 문제 해결 방법으로 가장 옳은 것은?

① 사용자의 컴퓨터를 보호하기 위해 Windows 방화벽을 설정한다.

② [장치 관리자] 창에서 중복으로 설치된 경우 해당 장치를 제거한다.

③ Windows [작업 관리자] 대화상자의 [프로세스] 탭에서 응답하지 않는 앱 작업을 종료한다.

④ [시스템 파일 검사기]를 이용하여 손상된 파일을 찾아 복구한다.

---

46 | 방화벽(Firewall)

- 외부로부터 내부망을 보호하고 유해 정보의 유입을 차단하기 위한 정책과 이를 지원하는 하드웨어 및 소프트웨어를 총칭
- 외부에서 내부로 들어오는 인증된 패킷만 통과시키는 구조
- 역추적 기능이 있어 외부 침입자의 흔적을 찾을 수 있음
- 외부로부터의 공격을 막는 역할을 하지만, 내부에서 일어나는 해킹은 막을 수 없다는 단점이 있음

다음 중 정보 보안 기법으로 사용되는 방화벽(Firewall)에 관한 설명으로 옳지 않은 것은?

① 외부 침입자의 흔적을 찾는 역추적 기능이 있다.

② 외부에서 내부로 들어오는 인증된 패킷만 통과시키는 구조이다.

③ 내부로부터의 불법적인 해킹에 대비한 보안 기법으로도 사용된다.

④ 해킹 등 외부로의 정보 유출을 막기 위하여 사용되는 보안 기법이다.

방화벽은 외부로부터 내부망을 보호하는 기능이나 내부에서 일어나는 해킹은 막을 수 없는 단점이 있다.

---

47 | 네트워크 기능 유형 선택

- [제어판]의 [네트워크 및 공유 센터]에서 클라이언트, 서비스, 프로토콜을 설치
- 클라이언트는 네트워크의 다른 컴퓨터나 서버에 연결하여 파일이나 프린터 등의 공유 자원을 사용할 수 있게 하는 소프트웨어
- 서비스는 내 컴퓨터에 설치된 파일, 프린터 등의 자원을 다른 컴퓨터에서 공유할 수 있도록 하는 소프트웨어
- 프로토콜은 컴퓨터와 다른 컴퓨터 간에 통신을 할 때 사용하는 통신 규약

다음 중 아래 보기에서 설명하는 한글 Windows 10의 네트워크 기능 유형으로 옳은 것은?

> 네트워크의 다른 컴퓨터나 서버에 연결하여 파일/프린터 등의 공유 자원을 사용할 수 있게 하는 소프트웨어이다.

① 서비스

② 프로토콜

③ 클라이언트

④ 어댑터

오답 피하기

- 서비스 : 내 PC에 설치된 파일, 프린터 등의 자원을 다른 컴퓨터와 공유할 수 있도록 해주는 소프트웨어
- 프로토콜 : 서로 다른 컴퓨터 간에 통신할 때 사용하는 통신 규약
- 어댑터 : 컴퓨터를 네트워크에 물리적으로 연결하는 장치

정답 45 ③ 46 ③ 47 ③

48 | 네트워크 관련 명령어

- ipconfig : 컴퓨터의 IP 주소, 서브넷 마스크, 게이트웨이에 대한 정보 확인
- netstat : TCP/UDP 프로토콜 연결 상황 표시
- net : 네트워크에 연결된 모든 시스템의 상태를 나타내는 명령
- ping ip 주소 : 컴퓨터의 IP 주소가 네트워크에 연결됐는지 확인
- tracert : 라우터의 경로와 경로에서의 지연 시간을 추적할 때 사용

다음 중 한글 Windows 10에서 인터넷이 정상적으로 작동하지 않을 때 취해야 할 조치로 옳지 않은 것은?

① 네트워크 카드나 케이블이 바르게 연결되었는지 점검한다.
② 속도가 느려진 경우 config 명령을 사용하여 속도가 느려진 원인을 확인한다.
③ Windows 또는 웹 브라우저가 정상적으로 설치되어 있는지 확인한다.
④ Ping 명령을 사용해 접속하려는 사이트의 서버 상태를 확인한다.

속도가 느려질 경우 'tracert' 명령을 입력하여 속도의 원인을 확인한다. 'tracert'는 지정된 호스트에 도달할 때까지 통과하는 경로의 정보와 각 경로에서의 지연 시간을 추적하는 명령어다.

오답 피하기

[명령 프롬프트] 창에서 'ipconfig'를 입력하면 내 컴퓨터의 IP 주소, 서브넷 마스크, 게이트웨이 주소를 확인할 수 있다.

49 | 인터넷 프로토콜 TCP/IP

- IP 주소 : 인터넷상에서 구별되는 자신만의 고유한 숫자로 된 32/128비트 주소. 인터넷 서비스 업체에서 자동으로 할당받거나 직접 할당된 주소를 입력하여 사용
- DNS 서버 : 문자로 된 도메인 네임을 숫자로 된 32/128비트 주소 형식으로 변환하는 서버
- 서브넷 마스크 : IP 주소와 결합하여 네트워크 주소와 호스트 주소를 구분하기 위하여 사용
- 게이트웨이 : IP 라우터라고도 하며, 네트워크 사이에서 IP 패킷을 라우팅하거나 전달할 수 있는 여러 개의 실제 TCP/IP 네트워크에 연결된 장치. 서로 다른 전송 프로토콜이나 IPX 및 IP와 같은 데이터 형식 간의 변환을 담당하며 주로 이 변환 기능 때문에 네트워크에 추가
- DHCP(Dynamic Host Configuration Protocol) : 중앙에서 유동 IP를 할당해 주는 서버로 컴퓨터가 다른 네트워크에 접속하였을 때 자동으로 새로운 IP 주소를 할당

다음 중 한글 Windows 10에서 인터넷을 연결하기 위한 TCP/IP 속성 창에서 서브넷 마스크에 관한 설명으로 옳은 것은?

① DHCP를 이용한 유동 IP 주소를 설정할 때 사용한다.
② IP 주소와 결합하여 네트워크 주소와 호스트 주소를 구분하기 위하여 사용한다.
③ IPv4 주소 체계에서는 256비트의 주소로 구성된다.
④ 네트워크 사이에 IP 패킷을 라우팅할 때 사용되는 주소이다.

서브넷 마스크는 1개의 IP 네트워크 물리적 주소를 여러 개의 논리적 주소로 나누는 것으로 네트워크 주소와 호스트 주소를 구분하기 위해 사용한다.

오답 피하기

IPv4는 32비트의 주소를 사용하고, IPv6는 128비트의 주소 체계를 사용한다.

정답 48 ② 49 ②

참고 파트03-챕터06-섹션01
 합격 강의

50 | ICT 신기술 용어

- 파밍(Pharming) : 금융기관 등 해당 사이트가 공식적으로 운용하고 있던 도메인 자체를 중간에서 탈취하는 수법으로 '피싱'에서 진화해 새롭게 등장한 해킹 기법
- 보이스피싱(Voice Phishing) : 보이스(음성)와 개인정보 및 피싱(낚시)를 결합한 말로 전화 등으로 상대방을 교묘하게 속여 비밀번호 등 개인 금융정보를 빼내거나 돈을 인출하는 사기 수법
- 피싱(Phishing) : 금융기관 등으로부터 개인정보를 불법적으로 알아내 이를 이용하는 사기 수법
- 디도스 공격(DDoS) : 여러 대의 컴퓨터를 일제히 동작하게 하여 특정 사이트를 공격하는 해킹 방식
- SNS(Social Networking Service) : 소셜 네트워크 서비스로 웹상에서 인적인 네트워크를 형성시키는 서비스
- SNS(Satellite Network System) : 위성통신 시스템을 이용한 영상 · 음성 · 데이터의 새로운 네트워크
- WiFi : 고성능 무선 통신을 가능하게 하는 무선랜 기술로 유선을 사용하지 않고 전파나 빛 등을 이용하여 네트워크를 구축하는 방식
- OSS(Open Source Software) : 개발, 시험, 개선작업과 공동 연구를 보장하기 위해 해당 소프트웨어의 소스 코드가 공개되는 소프트웨어
- SSO(Single Sign On) : 여러 개의 사이트를 운영하는 기업이 하나의 아이디로 여러 사이트를 이용할 수 있는 시스템
- RFID(Radio-Frequency IDentification) : 무선 주파수를 이용해 빛을 전파하여 정보를 수신하는 전자태그 기술
- Tethering(테더링) : 휴대폰을 모뎀으로 활용할 수 있는 기능으로 IT 기기에 인터넷을 통해 1 : 1로 연결해 접속해 주는 기술
- Virtual Reality(가상현실) : 어떤 특정한 환경이나 상황을 컴퓨터로 만들어서, 마치 실제 주변 상황과 환경과 상호작용하는 것처럼 만들어 주는 시스템
- IoT(Internet of Things) : 사물 인터넷으로 사물에 센서를 부착하여 인터넷으로 연결되어 서로 정보를 주고받는 기술
- Bluetooth(블루투스) : 근거리 무선 기술로 10m 안팎의 단거리에서 저전력 무선 연결이 필요할 때 사용하며, 양방향 정보 전송이 가능
- GPS(Global Positioning System) : 위성을 이용한 범세계적인 무선항법 시스템으로서, 사용자의 현재 위치, 속도 및 시간을 정확하게 계산할 수 있도록 해주는 시스템
- 핫스팟 : 무선 네트워크에 접속하여 초고속 인터넷과 각종 콘텐츠를 이용할 수 있게 하는 서비스

다음 중 정보통신 기술(ICT)에 대한 설명으로 옳지 않은 것은?

① 증강현실(Augmented Reality) : 현실 세계의 배경에 3D의 가상 이미지를 중첩하여 영상으로 보여주는 기술이다.
② RFID(Radio Frequency IDentification) : 전자태그가 부착된 IC칩과 무선 통신 기술을 이용하여 다양한 개체들의 정보를 관리할 수 있는 센서 기술이다.
③ 매시업(Mashup) : 웹상에서 제공되는 다양한 콘텐츠와 서비스를 혼합하여 새로운 서비스를 개발하는 기술이다.
④ 텔레메틱스(Telematics) : 유선 전화망, 무선망, 패킷데이터 망 등과 같은 기존의 통신망을 하나의 IP 기반 망으로 통합하여 각종 데이터를 전송하는 기술이다.

텔레메틱스(Telematics)는 텔레커뮤니케이션 + 인포매틱스의 합성어로 무선통신과 GPS 기술이 결합되어 자동차 등 운송장비 안에서 다양한 이동통신 서비스를 제공하는 기술을 의미한다. 자동차 안에서 외부의 정보를 수집하여 제공하는 것으로 네비게이션, 위치정보, 교통정보, 자율 주행차 등에 활용된다.

참고 파트03-챕터07-섹션02
 합격 강의

51 | 전자우편의 주요 기능

- 보내는 사람(From) : 보내는 사람의 전자우편 주소
- 받는 사람(To) : 받는 사람의 전자우편 주소
- 참조(Cc) : 참조를 원하는 수신자에게 보낼 때 사용, 숨은참조(Bcc)
- 제목(Subject) : 메일에 제목을 입력하여 사용
- 첨부(Attach) : 문서, 그림, 동영상 등의 파일을 메일에 첨부하는 기능
- 회신(Reply) : 받은 메일에 답장을 작성하여 발송자에게 전송하는 기능
- 전달(Forward) : 받은 메일을 다른 사람에게 알려주고 싶을 때 받은 메일을 그대로 다시 보내는 기능

다음 괄호 안에 들어갈 기능은?

> 수신자와 Cc수신자는 메일 본문에 그 정보가 노출되지만, (　　　)를 사용하면 메일이 정상적으로 전송되나 수신자나 Cc수신자는 (　　　) 수신자의 정보를 볼 수 없게 된다.

① Re
② Forward
③ Cc
④ Bcc

정답 50 ④ 51 ④

참고 파트03-챕터01-섹션01 합격 강의

52 | ENIAC

- 진공관을 이용한 최초의 전자식 계산기
- 프로그램 내장 방식이 도입되기 전(외장 방식)의 계산기

다음 중 프로그램 내장 방식의 컴퓨터와 거리가 먼 것은?

① ENIAC
② EDSAC
③ UNIVAC-I
④ EDVAC

참고 파트03-챕터01-섹션01 합격 강의

53 | 펌웨어

- 하드웨어와 소프트웨어의 중간적 성격의 장치
- 속도가 빨라 운영체제에서 입출력 장치를 제어하는 부분과 같이 고속 처리가 필요한 프로그램과 디지털 시스템에서 사용
- 최근에는 플래시 롬에 저장되어 내용을 간단하게 변경 가능

다음 중 하드웨어와 소프트웨어의 중간 형태의 프로그램으로 롬(ROM)에 기록되어 하드웨어를 제어하며 필요시 하드웨어의 성능 향상을 위해 업그레이드할 수 있는 마이크로 프로그램의 집합을 무엇이라고 하는가?

① 펌웨어(Firmware)
② 셰어웨어(Shareware)
③ 미들웨어(Middleware)
④ 프리웨어(Freeware)

오답 피하기
- 셰어웨어 : 일정 기간 동안 무료로 사용하다가 마음에 들면 금액을 지불해야 정식으로 사용할 수 있는 제품
- 미들웨어 : 서로 다른 서버와 클라이언트 사이를 연결해 주는 소프트웨어로 분산된 네트워크 환경에서 사용
- 프리웨어 : 공개 프로그램

참고 파트03-챕터02-섹션01 합격 강의

54 | 광디스크

- 레이저 빔을 이용하여 데이터를 기록하고 읽어내는 장치
- CD-ROM : 내용을 읽을 수만 있는 디스크
- CD-R : 데이터를 한 번 기록할 수 있고 많은 양의 데이터를 백업할 때 사용하는 디스크
- CD-RW : 읽기와 쓰기가 모두 가능한 디스크
- DVD : 4.7~17GB 정도의 저장이 가능하고 DVD 장치로도 기존 CD-ROM의 판독이 가능한 디스크

다음 중 광디스크(Optical Disk)의 종류와 이에 대한 설명으로 옳지 않은 것은?

① CD-ROM : 한 번 기록된 내용은 수정할 수 없다.
② DVD : 디스크 한 면에 약 4.7GB 정도의 데이터 저장이 가능하지만 DVD 장치로는 기존 CD-ROM의 판독이 불가능하다.
③ CD-R : CD-Writer를 사용하여 한 번에 한해서 데이터를 기록할 수 있다.
④ CD-RW : 여러 번 데이터를 기록할 수 있다.

정답 52 ① 53 ① 54 ②

참고 파트03–챕터02–섹션01 ▶ 합격 강의

55 | 연산 장치

- 연산 장치는 사칙 연산을 하는 산술 연산과 비교, 판단하는 논리 연산을 수행하는 장치
- 가산기, 누산기, 보수기, 기억 레지스터, 인덱스 레지스터, 데이터 레지스터, 상태 레지스터가 있음
- 누산기 : 산술 연산 및 논리 연산의 결과를 일시적으로 기억하는 레지스터
- 가산기 : 2개 이상의 수를 입력하여 이들의 합을 출력하는 논리 회로 또는 장치
- 보수기 : 뺄셈을 할 때 사용되는 보수를 만들어 주는 논리 회로

다음 중 연산 장치의 구성에 대한 설명으로 옳지 않은 것은?

① 연산 장치에서 사칙 연산을 수행하는 기본 회로는 가산기이다.
② 연산 장치에는 연산한 결과가 기억되는 누산기가 있다.
③ 연산 장치에는 주기억 장치에서 가져온 명령어를 기억하기 위한 기억 레지스터가 있다.
④ 연산 장치에서 뺄셈은 보수기에 의해 만들어진 보수를 이용하여 가산한다.

참고 파트03–챕터02–섹션01 ▶ 합격 강의

56 | RISC

- RISC 방식은 단순한 구조의 설계 방식으로 명령어의 종류가 적고, 고정된 길이의 명령어들로 구성되어 있음
- 많은 레지스터를 가지고 있어 속도가 빠름

다음 중 RISC 컴퓨터의 특성으로 옳지 않은 것은?

① 주소 지정 방식을 최소화하여 제어 장치가 간단하다.
② 명령어의 수가 많고 길이가 가변적이다.
③ 고정 배선 제어이므로 마이크로프로그램 방식보다 빠르다.
④ 자주 사용되는 명령어만을 둠으로써 시스템이 빠르다.

참고 파트03–챕터02–섹션02 ▶ 합격 강의

57 | 소프트웨어 관련 용어

- 상용(Commercial) 소프트웨어 : 정해진 금액을 지불하고 정식으로 사용하는 프로그램으로, 프로그램의 완전한 기능을 이용할 수 있음
- 셰어웨어(Shareware) : 일정 기간 동안 무료로 사용하다가 마음에 들면 금액을 지불해야 정식으로 사용할 수 있는 제품으로, 일부 기능을 제한한 프로그램
- 프리웨어(Freeware) : 공개 소프트웨어로 누구나 무료로 사용하는 것이 허가된 프로그램
- 오픈소스(Open Source) : 개발지기 소스를 공개한 소프트웨어로 누구나 수정 및 배포할 수 있음

사용 권한에 따라 소프트웨어를 분류하고자 할 때, 다음은 무엇에 대한 설명인가?

> 일정 기간 동안 무료로 사용하다가 마음에 들면 금액을 지불해야 정식으로 사용할 수 있는 제품으로, 일부 기능을 제한한 프로그램이다.

① 베타 버전
② 셰어웨어
③ 프리웨어
④ 번들 프로그램

정답 55 ③ 56 ② 57 ②

58 | CPU의 상태

- 준비 상태(Ready State) : 프로세서가 필요한 모든 자원을 할 당받고, 프로세서를 할당받기 위해 기다리고 있는 상태
- 실행 상태(Run State) : 프로세스가 원하는 모든 자원을 소유 한 상태로 프로세서에 의해 실행되고 있는 상태
- 대기 상태(Wait State) : 프로세스가 프로세서 외의 특정 자원 을 요청하고 이를 할당받을 때까지 기다리는 상태
- 교착 상태(Deadlock State) : 프로세서가 특정 사건을 한없이 기다리는 상태

하나의 프로세스가 시스템 내에서 실행되는 동안 여러 가지 상태의 변화 과정을 거치게 되는데, 프로세스가 CPU를 차지하고 있다가 입·출력 편리를 위하여 CPU를 양보하고 다른 프로세스의 입·출력 처리가 종료될 때까지 기다리는 상태를 무엇이라고 하는가?

① 준비 상태(Ready State)
② 실행 상태(Run State)
③ 대기 상태(Wait State)
④ 교착 상태(Deadlock State)

59 | 가상 기억 장치

- 보조 기억 장치의 일부를 주기억 장치처럼 사용하여, 주기억 장치의 용량을 확대하여 사용하는 메모리
- 주프로그램은 보조 기억 장치에 저장시키고 사용할 부분만 주기억 장치에 적재시키는 방법을 사용하며 하드 디스크가 가 장 많이 사용
- 프로그램의 크기가 주기억 공간보다 클 경우에 사용
- 대표적으로 페이징 기법과 세그먼테이션 기법이 있음

다음 중 가상 메모리에 대한 설명으로 옳은 것은?

① 하드 디스크를 이용하여 주기억 장치의 용량보다 커다란 프로그램의 수행을 가능하게 한다.
② 프로그램과 데이터를 저장하는 기능을 수행하는 장치로 중앙 처리 장치 내에 존재한다.
③ CPU와 주기억 장치 사이의 속도 차를 완화시키기 위해 사용되는 고속 기억 장치이다.
④ CPU와 입출력 장치의 속도 차를 완화시키기 위해 사용하는 임시 기억 장치이다.

60 | DMA

- CPU를 거치지 않고 입출력 장치와 메모리 간에 입출력 데이 터를 전송
- 주기억 장치에 접근하기 위해 사이클 스틸(Cycle Steal)을 사용
- 중앙 처리 장치에서는 데이터 전송에 관여하지 않으므로 전체 적인 컴퓨터 성능의 효율을 향상시킴

다음 중 DMA(Direct Memory Access)에 대한 설명으로 옳은 것은?

① CPU의 계속적인 개입 없이 메모리와 입출력 장 치 사이에 데이터를 전송하는 방식이다.
② 고속의 CPU와 저속의 주기억 장치 사이에서 일 시적으로 데이터를 저장하는 고속 기억 장치이다.
③ CPU 내부에서 데이터를 전달하는 기능을 가진 병렬 신호 회선을 의미한다.
④ 기억 용량은 작으나 속도가 아주 빠른 버퍼 메모 리이다.

61 | 운영체제 리소스

- 운영체제에서 사용되는 자원들
- 프로세서(Processor), 메모리(Main Memory, Hard Disk), 입출력 장치(Input/Output) 등이 있음

컴퓨터 시스템에서 운영체제의 목적은 유한한 리소스의 효율적인 관리이다. 다음 중 운영체제가 관리하는 리소스의 종류와 거리가 먼 것은?

① Main Memory
② Processor
③ BIOS
④ Hard Disk

정답 58 ③ 59 ① 60 ① 61 ③

62 | 운영체제의 분류

- 임베디드 시스템 : 기계, 전자 장치의 두뇌 역할을 하는 마이크로프로세서를 장착하여 설계하며 효과적인 제어와 더욱 편리한 구동을 할 수 있는 시스템
- 분산 처리 시스템 : 네트워크로 연결된 컴퓨터에 의해 작업과 자원을 분산하여 처리하는 방식
- 병렬 처리 시스템 : 서로 연결된 두 개 이상의 처리기에서 두 개 이상의 프로세스를 동시에 병렬 수행하여 연산 속도를 높이는 방식
- 시분할 처리 시스템 : 속도가 빠른 CPU의 처리 시간을 분할하여 여러 개의 작업을 연속으로 처리하는 방식

다음 중 일반 PC 형태가 아니며 주로 보드(회로기판) 형태의 반도체 기억소자에 응용 프로그램을 탑재하여 컴퓨터의 기능을 수행하는 시스템을 무엇이라고 하는가?

① 임베디드 시스템
② 분산 처리 시스템
③ 병렬 처리 시스템
④ 시분할 처리 시스템

63 | 멀티프로그래밍

- 동시에 두 개 이상의 프로그램을 주기억 장치에 기억시켜 놓고 하나의 프로세서가 고속으로 처리하는 방식
- 한 프로그램이 CPU를 짧은 시간 동안 작업을 수행하고, 운영체제가 그 다음 프로그램이 수행되도록 하는 방식

한 시스템에서 멀티프로그래밍이 가능한 이유를 가장 잘 설명한 것은?

① 한 CPU에서 동시에 여러 가지 명령을 처리할 수 있으므로 가능하다.
② 멀티프로그래밍이 가능하려면 여러 개의 CPU가 있어야 하며 각 CPU가 각자의 프로그램을 실행하므로 가능하다.
③ 똑같은 프로그램인 경우에만 2개 이상의 동시 실행이 가능하며 사실상 하나의 프로그램이 실행되는 것이다.
④ 각 프로그램이 주어진 작은 시간만큼 CPU를 사용하고 반환하는 것을 반복하므로 가능하다.

64 | 컴파일러와 인터프리터

- 컴파일러 : 전체를 한꺼번에 번역하고 목적 프로그램을 생성하며 기억 장소가 많이 소요되나 실행이 빠름
- 인터프리터 : 프로그램을 한 줄씩 번역하여 실행하는 방식이고 작업 속도가 컴파일러에 비해 느리며, 목적 프로그램이 생성되지 않음

다음 중 컴파일러(Compiler) 언어와 인터프리터(Interpreter) 언어의 차이점에 대한 설명으로 옳지 않은 것은?

① 인터프리터 언어가 컴파일러 언어보다 일반적으로 실행 속도가 빠르다.
② 인터프리터 언어는 대화식 처리가 가능하나, 컴파일러 언어는 일반적으로 불가능하다.
③ 컴파일러 언어는 목적 프로그램이 있는 반면, 인터프리터 언어는 일반적으로 없다.
④ 인터프리터는 번역 과정을 따로 거치지 않고 각 명령문에 대한 디코딩(Decoding)을 거쳐 직접 처리한다.

65 | USB

- 12Mbps 이상의 속도를 지원하는 직렬 포트의 일종
- 최대 127개까지 주변 기기를 연결할 수 있음
- 컴퓨터에 꽂으면 바로 인식하는 플러그 앤 플레이를 지원

다음에서 설명하는 장치로 알맞은 것은?

- 직렬 포트의 일종으로 오디오 플레이어, 디지털 카메라, 마우스, 키보드, 스캐너 및 프린터 등과 같은 주변 기기와 컴퓨터 간의 플러그 앤 플레이 인터페이스이다.
- 12Mbps 이상의 데이터 전송 속도를 지원하고, 최대 127개까지 장치들을 사슬처럼 연결할 수 있다.
- 컴퓨터를 사용하는 도중에 이 방식의 주변 장치를 연결해도 인식할 수 있다.

① AGP
② USB
③ SCSI
④ IEEE 1394

[정답] 62 ① 63 ④ 64 ① 65 ②

참고 파트03-챕터02-섹션03

66 | CMOS

- 바이오스(BIOS)에 내장된 램으로 컴퓨터의 설정 값들을 저장 가능
- 초기 설정 값은 메인보드 제조사가 최적 상태 값을 미리 저장해 놓음
- CMOS는 부팅 우선순위, 그래픽 카드의 종류, 램에 대한 사항, Anti-Virus, 전원 관리, 부팅 비밀번호 옵션, FDD 혹은 HDD 타입 등을 설정할 수 있음

다음 중 CMOS 설정에 대한 설명으로 옳지 않은 것은?

① CMOS의 셋업은 시스템 사양에 맞게 사용자가 설정 및 저장할 수 있다.
② 컴퓨터 전원을 끈 후에도 내장 배터리에 의해 작동되며, 컴퓨터를 켜면 곧 동작한다.
③ CMOS 설정에서 부팅 우선순위와 Anti-Virus 기능을 설정할 수 없다.
④ CMOS는 메인보드의 내장 기능 설정과 주변 장치에 대한 사항을 기록한다.

참고 파트03-챕터02-섹션03

67 | IEEE 1394

- 애플사가 개발한 고속 직렬 인터페이스
- 컴퓨터 주변 장치나 각종 가전기기를 개인용 컴퓨터(PC)에 접속하여 PC의 멀티미디어 기능을 강화한 것
- 최대 63대까지의 주변 장치 연결이 가능한 장치
- 데이터 전송 속도는 초당 100MB, 200MB, 400MB의 3종류가 규정되어 있음
- 핫 플러그인(Hot Plug In)을 지원

다음 보기에서 설명하는 장치로 알맞은 것은?

- PC나 각종 AV 기기에서 대량으로 고속 데이터 통신을 실행하기 위한 인터페이스로 파이어와이어(Firewire)라고도 불리운다.
- 플러그 앤 플레이(Plug & Play) 기능이 있어 각종 기기 접속과 단절을 자유롭게 할 수 있다.
- 고속 직렬 연결 장치이다.

① USB
② IEEE 802I
③ IEEE 1394
④ PCMCIA

참고 파트03-챕터03-섹션01

68 | 멀티미디어 활용 분야

- VOD : 사용자가 원하는 시간에 영상 정보를 볼 수 있는 서비스
- VCS : 초고속 정보통신망을 이용하여 원거리에 있는 사람들과 비디오와 오디오를 통해 회의할 수 있도록 하는 시스템
- VR(가상 시스템), PACS(의료 영상 저장 전송 시스템), CAI(원격 교육) 등이 있음

다음 중 멀티미디어 활용 분야에 대한 설명으로 옳지 않은 것은?

① VCS : 전화, TV를 컴퓨터와 연결해 각종 정보를 얻는 뉴 미디어
② Kiosk : 백화점, 서점 등에서 사용하는 무인 안내 시스템
③ VOD : 사용자가 원하는 영상 정보를 원하는 시간에 볼 수 있도록 전송
④ VR : 컴퓨터 그래픽과 시뮬레이션 기능을 이용해 가상 세계 체험

참고 파트03-챕터04-섹션01

69 | 광케이블

- 전기 신호를 광선 신호로 바꾸어 유리섬유를 통하여 전달하는 케이블
- 신호를 부호로 만든 광선을 내부 반사로 전송하는데, 다른 유선 전송 매체에 비해 대역폭이 넓어 데이터 전송률이 뛰어남
- 크기와 무게가 작아 지지 구조물의 크기를 줄일 수 있고 빛의 형태로 전송하므로 충격성 잡음 등 외부적 간섭을 받지 않음
- 리피터의 설치 간격이 넓어 가입자 회선 및 근거리 통신망으로 이용

다음 중 광케이블에 대한 설명으로 옳지 않은 것은?

① 다른 유선 전송 매체에 비해 대역폭이 넓고 데이터 전송률이 뛰어나다.
② 다른 유선 전송 매체에 비해 크기가 작으며 가볍다.
③ 다른 유선 전송 매체에 비해 정보 전달의 안전성이 낮다.
④ 신호를 재생해 주는 역할을 하는 리피터의 설치 간격이 크다.

정답 66 ③ 67 ③ 68 ① 69 ③

참고 파트03-챕터03-섹션01

70 | 하이퍼텍스트

- 전자적인 매체로 저장된 문서와 문서를 연결해 놓은 상태
- 연결된 자료로 쉽게 이동할 수 있음
- 사용자의 생각에 따라 원하는 정보를 얻을 수 있는 비선형적 구조

다음 중 하이퍼텍스트에 관한 설명으로 적절하지 못한 것은?

① 편집자의 의도보다는 독자의 의도에 따라 문서를 읽는 순서가 결정되도록 구성한 문서를 의미한다.
② 문서와 문서를 연결하여 관련된 정보를 쉽게 찾아볼 수 있도록 그물처럼 연결된 비선형 구조를 갖는 문서이다.
③ 하이퍼텍스트에서 가장 중요한 요소는 하이퍼링크이다.
④ 멀티미디어로만 작성된 정보 묶음들이 서로 링크된 형태이다.

참고 파트03-챕터04-섹션01

71 | 네트워크 장비

- 리피터 : 받은 신호를 증폭시켜 먼 거리까지 정확한 신호를 전달하는 장치
- 모뎀 : 단말기로부터 나오는 디지털 신호를 통신 회선의 특성에 맞게 아날로그 신호로 변환해 주는 변조와 통신 회선을 통과하면 다시 아날로그 신호를 디지털 신호로 변환해 주는 복조 과정을 거쳐 데이터가 처리되는 장치
- 라우터 : 통신망 내에서 송신된 메시지를 수신하여 최적의 경로를 결정한 후 수신 컴퓨터로 전달하는 장치
- 이더넷 허브 : 속도의 구분으로 10Mbps 인터페이스 포트를 구비한 허브
- 게이트웨이 : 서로 다른 종류의 통신망 간에 정보를 주고받을 수 있게 상호 접속하기 위한 통신 장치

다음 중 LAN과 외부 네트워크를 연결하는 장비로 응용 계층을 연결하여 데이터 형식이나 프로토콜을 변환함으로써 서로 다른 프로토콜을 갖는 네트워크를 연결시켜 주는 장치는 어느 것인가?

① 게이트웨이(Gateway) ② 브리지(Bridge)
③ 리피터(Repeater) ④ 라우터(Router)

오답 피하기
- 브리지 : 두 개의 네트워크를 연결하며, 패킷을 적절히 중계하고 필터링하는 장치
- 리피터 : 받은 신호를 증폭시켜서 먼 거리까지 정확한 신호를 전달하는 장치
- 라우터 : 통신망 내에서 송신된 메시지를 수신하여 최적의 경로를 결정한 후 수신 컴퓨터로 전달하는 장치

참고 파트03-챕터04-섹션01

72 | 인터네트워킹

- 서로 다른 네트워크를 통신하기 위한 기술로 두 네트워크 간의 공통된 프로토콜, 라우팅 테이블과 관련된 네트워크 장치에 대한 내용으로 구성
- 리피터, 라우터, 브리지 등이 있음

다음 중에서 컴퓨터를 네트워크로 연결하기 위해 사용하는 인터네트워킹 기기가 아닌 것은?

① 리피터(Repeater)
② 라우터(Router)
③ 브리지(Bridge)
④ 디코더(Decoder)

참고 파트03-챕터04-섹션01

73 | LAN

LAN 접근 방식	
CSMA/CD	전송 매체를 감시하다가 신호가 있으면 기다리고, 신호가 없으면 전송을 즉시 개시하는 방식
토큰 버스	한 스테이션이 토큰을 가지게 되면 특정 시간 동안 매체를 제어하고 하나 이상의 패킷을 전송할 수 있는 방식
토큰 링	링 주위를 프리 토큰이 순회하다가 패킷을 전송하려는 스테이션을 만나면 프리 토큰을 잡아 제어권을 얻는 방식

다음 중에서 LAN의 매체 접근 제어 방식으로 분류하였을 경우, 이에 해당되지 않는 것은?

① CSMA/CD
② 토폴로지(Topology)
③ 토큰 링(Token Ring)
④ 토큰 버스(Token Bus)

정답 70 ④ 71 ① 72 ④ 73 ②

74 | 프로토콜

- 데이터 통신에서 컴퓨터 시스템 간의 정보 교환을 원활하게 하기 위해 정해 놓은 약속으로, 프로토콜이 다르면 정보를 공유할 수 없으므로 동일한 프로토콜을 사용해야 함
- 기본 요소는 구문, 의미, 순서로 구성
- 데이터 전송 방식에는 문자 방식, 바이트 방식, 비트 방식이 있음

다음 중 프로토콜에 대한 설명으로 옳지 않은 것은?

① '프로토콜'이란 통신을 원하는 두 개체 간에 무엇을, 어떻게, 언제 통신할 것인가에 대해 서로 약속한 운영 규정이다.

② 프로토콜의 기본 요소는 구문(Syntax), 의미(Semantics), 순서(Timing)이다.

③ 프로토콜은 전송하고자 하는 데이터 프레임의 구성에 따라 문자 방식, 바이트 방식, 비트 방식 등이 있다.

④ 프로토콜의 구성을 회사마다 다양하게 설정하면 인터넷을 보다 효율적으로 사용할 수 있다.

75 | ATM(비동기 전송)

- 비대칭 디지털 가입자 회선으로, 디지털 정보를 기존 전화선을 통해서 고속으로 전송하는 기술
- B-ISDN의 전송·교환 기술로 고정길이의 블록인 ATM 셀에 의해 순차적으로 전송하는 방식
- ATM 셀은 53바이트 크기로 헤더(5바이트)와 정보 데이터(48바이트) 부분으로 나뉨
- 패킷 라우팅을 기반으로 하는 높은 전송 효과로 다양한 정보를 고속으로 처리 가능
- 모뎀을 이용한 PC 통신도 여기에 해당하며, 셀 교환 기법을 통해 데이터를 동일한 고정 길이의 셀로 변환시켜 전송하기 때문에 패킷 방식에 비해 속도가 빠르고 효율도 높음(셀 릴레이 방식)

다음 보기에서 설명하는 특성들을 갖는 통신망의 구성 요소는 어느 것인가?

> – 음성과 영상 같은 다매체 자료를 전송하기 위해 사용된다.
> – 패킷 라우팅(Packet Routing)을 기반으로 한 통신 방식이다.
> – 고속의 광섬유와 위성 통신까지 가능한 셀 릴레이(Cell Relay) 방식을 사용한다.

① ADSL(Asymmetric Digital Subscriber Line)

② PSTN(Public Switched Telephone Network)

③ ATM(Asynchronous Transfer Mode)

④ CSDN(Circle Switched Data Network)

2024년 상시 기출문제 01회

풀이 시간 _____ 분   내 점수 _____ 점

시험 시간	합격 점수	문항수
60분	60점	총 60개

1과목 워드프로세싱 용어 및 기능

참고 파트01-챕터01-섹션01

01 다음 중 워드프로세서의 특징으로 옳지 않은 것은?

① 워드프로세서로 작성된 문서는 편지 보내기, 웹 브라우저로 보내기, 웹 서버로 올리기 등으로 다른 응용 프로그램에서 공유할 수 있다.

② 워드프로세서는 암호를 설정하여 보안을 설정할 수 있고 암호를 모를 경우 찾기하여 변경한 후 불러올 수 있다.

③ 다양한 형태의 문서를 빠르게 작성하여 시간과 노력을 줄일 수 있다.

④ 문서 작성 및 편집, 인쇄가 가능하여 전자출판에 이용된다.

참고 파트01-챕터02-섹션02

02 다음 중 워드프로세서의 화면 표시 기능에 대한 설명으로 옳지 않은 것은?

① 문서를 작성할 때 스크롤 바를 이용하여 화면을 상, 하, 좌, 우로 이동할 수 있다.

② 편집 과정에서 생긴 공백이나 문단 등은 조판 부호를 표시하여 확인할 수 있다.

③ 편집한 문서는 인쇄하기 전에 미리보기를 통해 화면에서 미리 출력해 볼 수 있다.

④ 화면을 확대하면 인쇄물 결과에도 영향을 준다.

참고 파트01-챕터06-섹션04

03 다음 중 공문서의 표기 방법으로 옳지 않은 것은?

① 표 서식의 중간에 끝났을 경우 '끝' 표시를 하지 않고 다음 행의 첫 칸에 '이하 빈칸'을 입력한다.

② 본문의 내용이 오른쪽 한계선에 닿았을 때 본문 다음 줄의 왼쪽 기본선에서 한 글자 띄우고 '끝'을 표시한다.

③ 공문서의 항목은 1., 가., 1), 가), (1), (가), ①, ㉮ 항목순으로 구분하여 표기한다.

④ 금액을 표기할 때에는 변조를 막기 위해 금 356,000원(금삼십오만육천원)으로 표기한다.

참고 파트01-챕터02-섹션03

04 다음 중 맞춤법 검사에 대한 설명으로 옳지 않은 것은?

① 내장된 사전을 서로 비교하여 틀린 단어를 찾아주는 기능이다.

② 맞춤법, 표준말, 대/소문자 검사 등을 검사한다.

③ 표나 화학식이나 수식의 오류도 검사할 수 있다.

④ 사전에 없는 단어를 추가할 수 있다.

참고 파트01-챕터04-섹션01

05 다음 중 문서 작성에 대한 설명으로 옳지 않은 것은?

① 제목은 제목만 보고도 쉽게 문서의 성격과 내용을 알 수 있도록 작성한다.

② 특별한 경우를 제외하고 공문서는 한글 맞춤법에 따라 세로로 작성한다.

③ 목적이 있는 사외문서라 하더라도 인사말부터 시작하는 것이 기본적인 예의이다.

④ 숫자 표기는 특별한 사유가 있는 경우는 제외하고 아라비아 숫자로 한다.

참고 파트01-챕터02-섹션01

06 다음 중 금칙 처리에 대해 가장 잘 설명한 것은?

① 문서의 처음이나 마지막에 올 수 없는 문자나 기호를 의미한다.

② 미리 입력된 문자열을 표로 전환하는 기능이다.

③ 임의의 문자와 연결되어 있어 새로운 문서를 참조하는 방식이다.

④ 현재 문단의 왼쪽과 오른쪽 여백을 지정하는 기능이다.

참고 파트01-챕터05-섹션01

07 다음 중 교정부호의 사용법에 대한 설명으로 옳지 않은 것은?

① 정해진 부호를 사용해야 한다.
② 교정할 부호가 겹치지 않도록 하되, 부득이 겹칠 경우 각도를 비슷하게 표시한다.
③ 교정기호나 글자는 명확하고 간략하게 표시한다.
④ 표기하는 색깔은 원고와 색이 다르면서 눈에 잘 띄는 색으로 한다.

참고 파트01-챕터03-섹션02

08 다음에서 전자출판 용어가 올바르게 연결된 것은?

① 초크(Choke) : 문자 위에 겹쳐서 문자를 중복 인쇄하는 작업
② 커닝(Kerning) : 글자와 글자 사이의 간격을 미세하게 조정하는 작업
③ 모핑(Morphing) : 기존의 이미지를 다른 형태로 새롭게 변형
④ 리터칭(Retouching) : 제한된 색상에서 비율을 변화하여 새로운 색을 만드는 작업

참고 파트01-챕터06-섹션02

09 다음에서 설명하는 문서 정리법은?

- 같은 내용의 문서를 한 곳에 모아 정리
- 무한하게 확장 가능
- 분류하는 것이 어려움
- 듀이(John Dewey)의 10진 분류법을 이용하면 편리

① 지역별 분류법
② 주제별 분류법
③ 명칭별 분류법
④ 번호식 분류법

참고 파트01-챕터01-섹션02

10 다음 중 워드프로세서의 용어에 대한 설명으로 옳지 않은 것은?

① 래그드(Ragged) : 문서의 오른쪽 끝이 정렬되지 않은 상태이다.
② 마진(Margin) : 문서의 균형을 위해 비워두는 페이지의 상, 하, 좌, 우 공백을 말한다.
③ 센터링(Centering) : 문서의 중심을 비우고 문서의 내용을 정렬하는 기능이다.
④ 캡션(Caption) : 문서에 포함된 표나 그림에 붙이는 제목 또는 설명이다.

참고 파트01-챕터02-섹션03

11 다음 중 워드프로세서에서 찾기 기능에 대한 설명으로 옳은 것은?

① 찾기 기능은 대문자와 소문자를 구분하여 내용을 찾을 수 없다.
② 찾기 기능을 이용하여 찾을 때 언제나 현재 커서의 아래쪽으로만 내용을 찾을 수 있다.
③ 찾기 기능에서 띄어쓰기를 무시하고 내용을 찾을 수 없다.
④ 찾을 내용과 글꼴을 이용하여 찾기 기능을 수행할 수 있다.

참고 파트01-챕터06-섹션04

12 다음 중 공문서에 대한 용어의 설명이 옳지 않은 것은?

① 관인이란 행정기관이 발신하는 인증이 필요한 문서에 찍는 도장을 의미한다.
② 결재란 기관의 의사를 결정할 권한을 가진 자가 직접 그 의사를 결정하는 행위를 말한다.
③ 간인은 발송된 문서를 수신기관의 처리과에서 받아 관련 부서로 보내기 위한 작업을 의미한다.
④ 발신이란 시행문을 시행 대상 기관에 보내는 작업을 의미한다.

참고 파트01-챕터01-섹션02

13 다음 중 워드프로세서의 용어에 대한 설명으로 옳은 것은?

① 개행(Turnover)은 새 문단이 시작될 때만 하나, 새로운 행(New Line)은 한 문단이나 문장의 중간에서도 할 수 있다.
② OLE 기능은 다른 응용 앱에서 작성한 그림이나 표 등을 연결하거나 삽입하여 사용할 수 있게 하는 기능이다.
③ 매크로(Macro)는 자주 쓰이는 문자열을 따로 등록해 놓았다가 준말을 입력하면 본말 전체가 입력되도록 하는 기능이다.
④ 문자 피치(Pitch)는 1인치당 인쇄되는 문자 수를 말하며, 피치 수가 증가할수록 문자들은 커진다.

참고 파트01-챕터06-섹션03

14 다음 중 전자문서에 대한 설명으로 옳지 않은 것은?

① 전자문서인 경우에 전자적 방법으로 쪽번호 또는 발급번호를 표시할 수 있다.
② 각급 행정기관에서는 전자문서에 사용하기 위하여 전자이미지관인을 가진다.
③ 대체적으로 전자문서인 경우에는 처리과의 기안자나 문서의 수신·발신업무를 담당하는 사람이 전자이미지관인을 찍는다.
④ 모든 전자문서는 개인 문서함에 보관하면 안 되고 공통 문서함에 보관하여 누구나 열람할 수 있게 한다.

참고 파트01-챕터06-섹션04

15 공문서의 결재에서 결재권자가 휴가, 출장 기타의 사유로 결재할 수 없는 때에는 그 직무를 대리하는 자가 대결할 수 있으나 그 내용이 중요한 문서에 대하여는 결재권자에게 후에 어떻게 조처하여야 하는가?

① 사후에 보고한다.
② 사후에 반드시 결재를 받는다.
③ 정규 결재 과정을 다시 거친다.
④ 내부 결재 과정을 거친 후 시행한다.

참고 파트01-챕터02-섹션03

16 다음 중 워드프로세서의 기능에 대한 설명으로 옳지 않은 것은?

① 개체(Object)란 문서에 삽입하는 그림, 동영상, 차트, 소리 등을 말한다.
② 하이퍼미디어는 문서의 특정 단어 혹은 그림을 다른 곳의 내용과 연결시켜 주는 기능이다.
③ 매크로 기능을 이용하면 본문 파일의 내용은 같게 하고 수신인, 주소 등을 달리한 데이터 파일을 연결하여 여러 사람에게 보낼 초대장 등을 출력할 수 있다.
④ 스타일 기능은 몇 가지의 표준적인 서식을 설정해 놓고 공통으로 사용되는 문단에 적용시킬 수 있는 기능이다.

참고 파트01-챕터02-섹션03

17 다음 중 한글 워드프로세서의 매크로 기능에 대한 설명으로 옳지 않은 것은?

① 일련의 작업 순서 내용을 특정 키로 설정하고 필요할 때 한 번에 재생해 주는 기능이다.
② 키보드 매크로는 마우스 동작을 포함하는 사용자 동작을 기억할 수 있다.
③ 작성된 매크로는 편집이 가능하다.
④ 작성된 매크로는 별도의 파일에 저장이 가능하다.

참고 파트01-챕터02-섹션03

18 다음 문장에서 커서가 '내' 글자에 있을 때 더블클릭한 후의 결과로 옳은 것은?

> 내가 그의 이름을 불러주기 전에는
> 그는 다만 하나의 몸짓에 지나지 않았다.

① 커서 위치의 단어를 범위 지정
② 한 줄 전체 범위 지정
③ 모든 문장 범위 지정
④ 변화 없음

참고 파트01-챕터05-섹션01

19 다음 중 교정부호의 설명으로 옳지 않은 것은?

① ⌒ : 줄 바꾸기

② ⌇ : 끌어 올리기

③ ⊏ : 들여쓰기

④ ⌒ : 줄 잇기

참고 파트01-챕터02-섹션03

20 다음 중 이동과 복사에 대한 설명으로 옳지 않은 것은?

① 복사를 위해 영역 지정을 하지만 잘라내기(오려두기)는 영역 지정이 필요 없다.

② 복사와 이동은 모두 붙여넣기 기능을 이용한다.

③ 이동과 복사를 위해 클립보드라는 임시저장 장소를 사용한다.

④ 복사는 문서의 분량을 변화시킬 수 있고 이동은 문서의 분량이 그대로이다.

2과목 PC 운영체제

참고 파트02-챕터02-섹션01

21 다음 중 한글 Windows 10에서 바로 가기 아이콘에 대한 설명으로 옳지 않은 것은?

① 바로 가기 아이콘은 하나의 응용 앱 아이콘에 대해 한 개만 만들 수 있다.

② 바로 가기 아이콘에는 왼쪽 아래에 꺾인 화살표가 표시된다.

③ 바로 가기 아이콘은 앱을 빠르게 실행하기 위해 만들어 사용하는 것이다.

④ 폴더, 프린터, 디스크 드라이브 등에 대해 바로 가기 아이콘을 만들 수 있다.

참고 파트02-챕터02-섹션02

22 다음 중 한글 Windows 10에서 파일 탐색기 창의 구성 요소에 관한 설명으로 옳지 않은 것은?

① '즐겨찾기'는 자주 사용하는 개체를 등록하여 해당 개체로 빠르게 이동하기 위하여 사용하는 기능이다.

② '라이브러리'는 컴퓨터의 여러 장소에 저장된 자료를 한 곳에 보고 정리할 수 있는 가상폴더이다.

③ ＊ 을 누르면 현재 폴더가 모두 축소되어 표시된다.

④ Back Space 를 누르면 현재 폴더의 상위 폴더로 이동한다.

참고 파트02-챕터04-섹션03

23 다음 중 한글 Windows 10에서 [기본 프로그램]에 대한 설명으로 옳지 않은 것은?

① Windows에서 기본적으로 사용할 프로그램을 선택한다.

② 네트워크 연결 및 방화벽을 열 때 사용할 기본 프로그램을 설정한다.

③ 오디오 CD를 넣으면 Windows Media Player가 자동으로 재생되도록 설정할 수 있다.

④ 웹 브라우저나 전자 메일 작업 등에 사용할 기본 프로그램을 선택한다.

참고 파트02-챕터02-섹션01

24 다음 중 한글 Windows 10의 [작업 표시줄] 창에서 설정할 수 있는 항목이 아닌 것은?

① 데스크톱 모드에서 작업 표시줄 자동 숨기기

② 작은 작업 표시줄 단추 사용

③ 작업 표시줄의 위치 설정

④ 작업 표시줄의 크기 지정

참고 파트02-챕터02-섹션01

25 다음 중 한글 Windows 10에서 시작 메뉴 옆에 있는 [찾기] 상자의 사용 방법에 대한 설명으로 옳지 않은 것은?

① 컴퓨터 전체를 검색 대상으로 한다.
② 앱, 문서, 웹을 대상으로 검색할 수 있다.
③ 검색 결과는 범주별로 그룹화되어 표시된다.
④ 수정한 날짜나 크기 등의 속성을 이용한 검색 필터를 사용할 수 있다.

참고 파트02-챕터03-섹션03

26 다음 중 한글 Windows 10에서 프린터 설치에 대한 설명으로 옳지 않은 것은?

① 10대 이상의 프린터도 설치할 수 있으며 기본 프린터는 하나의 프린터에 대해서만 설정할 수 있다.
② 공유된 프린터를 네트워크 프린터로 설정하여 설치할 수 있다.
③ 공유된 프린터는 기본 프린터로 설정할 수 없다.
④ LAN 카드가 설치되어 IP 주소가 부여된 프린터를 로컬 프린터로 설치할 수 있다.

참고 파트02-챕터05-섹션02

27 다음 중 한글 [Windows 관리 도구] 프로그램에 대한 설명으로 옳지 않은 것은?

① [시스템 정보]를 수행하면 DMA, IRQ, I/O 주소 및 메모리 주소를 확인할 수 있다.
② [디스크 조각 모음 및 최적화]를 수행하면 디스크 공간의 최적화를 이루어 접근 속도가 향상된다.
③ [디스크 검사]를 수행하면 불필요한 파일을 검색하여 삭제한다.
④ [성능 모니터]는 성능 데이터를 실시간으로 수집하여 결과를 분석하고 보고서를 작성한다.

참고 파트02-챕터06-섹션02

28 다음 중 한글 Windows 10에서 네트워크에 이상이 있어 발생하는 문제라고 볼 수 없는 것은?

① 네트워크를 통해 다른 컴퓨터와 연결되지 않는 경우
② 네트워크에 로그온할 수 없는 경우
③ 다른 컴퓨터에 연결된 프린터를 공유할 수 없는 경우
④ 현재 실행 중인 이미지 뷰어 앱이 응답하지 않는 경우

참고 파트02-챕터02-섹션03

29 다음 중 한글 Windows 10에서 [휴지통]의 속성 창에서 할 수 있는 작업으로 옳지 않은 것은?

① 휴지통의 크기를 하드 디스크 드라이브마다 MB 단위로 지정할 수 있다.
② 휴지통의 실제 파일이 저장된 폴더 위치를 지정하여 복원할 수 있다.
③ 파일이나 폴더가 삭제될 때 휴지통에 버리지 않고 바로 제거되도록 설정할 수 있다.
④ 파일이나 폴더가 삭제될 때마다 삭제 확인 대화상자 표시를 하도록 설정할 수 있다.

참고 파트02-챕터05-섹션03

30 다음 중 한글 Windows 10에서 앱이 응답하지 않을 경우에 문제 해결 방법으로 가장 옳은 것은?

① 사용자의 컴퓨터를 보호하기 위해 Windows 방화벽을 설정한다.
② [장치 관리자] 창에서 중복 설치된 경우 해당 장치를 제거한다.
③ [작업 관리자] 대화상자의 [프로세스] 탭에서 응답하지 않는 앱의 작업을 끝내기한다.
④ [시스템 파일 검사기]를 이용하여 손상된 파일을 찾아 복구한다.

참고 파트02-챕터03-섹션01

31 다음 중 한글 Windows 10의 보조프로그램에서 [캡처 도구]에 관한 설명으로 옳지 않은 것은?

① 캡처한 화면을 HTML, PNG, GIF, JPG 파일로 저장하거나 캡처한 글자를 편집할 수 있다.
② 화면 캡처 유형은 자유형, 사각형, 창, 전체 화면 캡처 등이 있다.
③ 캡처된 화면은 클립보드에 복사하여 다른 문서에서 붙여넣기로 사용할 수 있다.
④ 캡처된 화면에서 형광펜이나 지우개 도구로 수정할 수 있다.

참고 파트02-챕터01-섹션01

32 다음 중 한글 Windows 10의 특징에서 플러그 앤 플레이(Plug&Play) 기능에 관한 설명으로 옳지 않은 것은?

① 컴퓨터에 새로운 하드웨어를 설치할 때 해당 하드웨어를 사용하는 데 필요한 시스템 환경을 자동으로 구성해 주는 기능이다.
② 기존 컴퓨터 시스템과 충돌을 방지하는 기능을 수행한다.
③ 하드웨어와 소프트웨어가 PnP 기능을 지원해야 수행한다.
④ 컴퓨터 시스템이 오류가 발생했을 때 자동으로 복구하는 기능을 수행할 수 있다.

참고 파트02-챕터02-섹션03

33 다음 중 한글 Windows 10에서 압축 프로그램에 대한 설명으로 옳지 않은 것은?

① 압축은 텍스트뿐만 아니라 음악, 사진, 동영상 파일 등도 압축할 수 있다.
② 압축할 때 암호를 지정하거나 분할 압축을 할 수 있다.
③ 종류에는 WinZip, WinRAR, PKZIP 등이 있다.
④ 암호화된 압축 파일을 전송할 경우에 시간 및 비용의 증가 효과를 얻을 수 있다.

참고 파트02-챕터03-섹션02

34 다음 중 한글 Windows 10에서 파일을 압축하고 복원하기 위해 사용하는 유틸리티 앱으로만 짝지은 것은?

① 알FTP, CuteFTP, 파일질라
② 포토뷰어, 알씨, ACADSee
③ 알집, 윈라(WinRAR), PKZIP
④ V3, 알약, 바이로봇

참고 파트02-챕터02-섹션03

35 다음 중 한글 Windows 10의 파일 탐색기 창에서 파일이나 폴더를 선택하는 방법으로 옳지 않은 것은?

① 비연속적인 파일이나 폴더를 선택하고자 할 때에는 Ctrl과 함께 클릭한다.
② 연속적인 파일이나 폴더를 선택하고자 할 때에는 Shift와 함께 클릭한다.
③ 여러 개의 파일을 한꺼번에 선택할 경우에는 마우스를 사용하여 사각형 모양으로 드래그한다.
④ 모든 파일과 하위 폴더를 한꺼번에 선택하려면 Alt + A를 사용한다.

참고 파트02-챕터06-섹션01

36 다음 중 한글 Windows 10에서 인터넷 사용을 위한 TCP/IPv4의 설정에 대한 설명으로 옳지 않은 것은?

① IP 주소는 인터넷에 연결된 호스트 컴퓨터의 유일한 주소로, 네트워크 주소와 호스트 주소로 구성되어 있다.
② 서브넷 마스크는 사용자가 속한 네트워크로 IP 주소의 네트워크 주소와 호스트 주소를 구별하기 위하여 IP 수신인에게 허용하는 16비트 주소이다.
③ 게이트웨이는 다른 네트워크와의 데이터 교환을 위한 출입구 역할을 하는 장치이다.
④ DNS 서버 주소는 문자 형태로 된 도메인 네임을 숫자 형태로 된 IP 주소로 변환해 주는 서버의 IP 주소를 지정한다.

참고 파트02-챕터06-섹션02

37 다음 중 한글 Windows 10에서 네트워크상에 있는 다른 컴퓨터에 연결되어 있는 프린터를 공유하고자 할 때 작업 순서로 옳은 것은?

> ㉠ 프린터 이름 입력
> ㉡ [네트워크, 무선 또는 Bluetooth 프린터 추가] 선택
> ㉢ [장치 및 프린터] 창에서 [프린터 추가] 클릭
> ㉣ 프린터 선택

① ㉠ → ㉡ → ㉢ → ㉣
② ㉡ → ㉠ → ㉣ → ㉢
③ ㉢ → ㉡ → ㉣ → ㉠
④ ㉣ → ㉠ → ㉡ → ㉢

참고 파트02-챕터04-섹션03

38 다음 중 한글 Windows 10에서 특정 앱을 제거하려고 할 때 옳은 것은?

① 시작 메뉴의 해당 앱 그룹에서 [Install] 메뉴를 선택한다.
② 해당 앱의 단축 아이콘을 삭제한다.
③ [제어판]의 [프로그램 및 기능]을 이용하여 삭제한다.
④ 해당 앱이 있는 폴더를 모두 삭제한다.

참고 파트02-챕터06-섹션01

39 한글 Windows 10의 [네트워크 및 공유 센터]에 대한 설명으로 옳지 않은 것은?

① 네트워크 드라이브 연결 드라이브를 A에서 Z 드라이브 중에서 선택할 수 있다.
② 파일 및 프린터 공유 켜기로 공유 폴더를 사용한다.
③ 어댑터의 설정을 사용 안 함, 상태, 바로 가기 만들기 등으로 변경한다.
④ 미디어 스트리밍 켜기로 사용할 장치를 켤 수 있다.

참고 파트02-챕터06-섹션04

40 다음 중 한글 Windows 10의 [컴퓨터 관리]에 대한 설명으로 옳지 않은 것은?

① [작업 스케줄러]를 사용하여 지정한 시간에 컴퓨터에 자동으로 수행되는 작업을 만들고 관리한다.
② [이벤트 뷰어]는 컴퓨터에서 발생한 이벤트를 표시한다.
③ [공유 폴더]에서 공유된 폴더의 이름을 확인하고 공유를 설정한다.
④ [성능 모니터]를 사용하여 성능 데이터를 실시간으로 확인한다.

3과목 PC 기본상식

참고 파트03-챕터02-섹션03

41 다음 중 PC의 바이오스(BIOS)에 대한 설명으로 옳지 않은 것은?

① 바이오스는 컴퓨터의 입출력 장치나 메모리 등 하드웨어를 관리하는 프로그램이다.
② 컴퓨터에 연결된 주변 장치를 관리하는 인터럽트(Interrupt) 처리 부분이 있다.
③ 바이오스 프로그램은 메인보드의 RAM에 저장되어 있다.
④ PC의 전원을 켜면 먼저 바이오스 프로그램이 작동하여 시스템을 초기화시킨다.

참고 파트03-챕터04-섹션01

42 다음 중 인터넷에서 사용하는 프로토콜(Protocol)에 관한 설명으로 옳지 않은 것은?

① 통신망에 흐르는 패킷 수를 조절하는 흐름제어 기능이 있다.
② 송·수신기가 같은 상태를 유지하도록 동기화 기능을 수행한다.
③ 데이터 전송 도중에 발생할 수 있는 오류를 검출하고 수정할 수 있다.
④ 구문, 의미, 순서의 세 가지 기본 요소로 구성된다.

참고 파트03-챕터02-섹션01

43 다음 중 컴퓨터의 내부 인터럽트에 해당하는 것은?

① 명령 처리 중 오버플로(Overflow)가 발생한 경우
② 컴퓨터의 전원 공급이 끊어졌을 경우
③ 특정 장치에 할당된 작업 시간이 끝났을 경우
④ 입·출력 장치가 데이터 전송을 요구하거나 전송이 끝났음을 알릴 경우

참고 파트03-챕터02-섹션01

44 다음 중 컴퓨터의 CPU에 있는 레지스터(Register)에 관한 설명으로 옳지 않은 것은?

① CPU 내부에서 처리할 명령어나 연산의 중간 값을 일시적으로 기억한다.
② 메모리 중에서 가장 속도가 빠르다.
③ 플립플롭(Flip-Flop)이나 래치(Latch)들을 연결하여 구성된다.
④ 운영체제의 실행 정보를 기억하고 관리한다.

참고 파트03-챕터02-섹션01

45 다음과 가장 관련 있는 메모리는 무엇인가?

– 주기억 장치에 저장된 정보에 접근할 때 주소 대신 기억된 정보를 이용하여 접근하는 장치이다.
– 주소를 이용할 때 보다 속도가 빠르다.
– 주로 속도 증가를 목적으로 사용된다.

① 가상 메모리
② 버퍼 메모리
③ 연상 메모리
④ 플래시 메모리

참고 파트03-챕터06-섹션01

46 다음에서 설명하는 신기술은 무엇인가?

– 현실 세계의 배경에 3D의 가상 이미지를 중첩하여 영상으로 보여주는 기술이다.
– 스마트폰 카메라로 주변을 비추면 인근에 있는 상점의 위치, 전화번호 등의 정보가 입체영상으로 표시된다.

① SSO(Single Sign On)
② 증강현실(Augmented Reality)
③ RSS(Rich Site Summary)
④ 가상현실(Virtual Reality)

참고 파트03-챕터03-섹션02

47 다음 중 인터넷 표준 그래픽 형식으로 8비트 컬러를 사용하여 256가지로 색의 표현이 제한되지만, 애니메이션도 표현할 수 있는 그래픽 파일 형식은?

① TIF
② PNG
③ GIF
④ JPG

참고 파트03-챕터02-섹션01

48 다음 중 하드 디스크의 구조에서 모든 디스크 면에 걸친 같은 트랙을 의미하는 용어는?

① 섹터(Sector)
② 클러스터(Cluster)
③ 실린더(Cylinder)
④ 폴더(Folder)

참고 파트03-챕터07-섹션01

49 다음 중 전자우편 프로토콜에 대한 설명으로 옳지 않은 것은?

① SMTP : 전자우편의 송신을 담당, TCP/IP 호스트의 우편함에 ASCII 문자 메시지 전송
② POP3 : 전자우편의 수신을 담당, 제목과 내용을 한 번에 다운받음
③ IMAP : 전자우편의 수신을 담당, 제목과 송신자를 보고 메일을 다운로드할 것인지를 결정
④ MIME : 텍스트 메일만의 수신을 담당, 일반 문자열을 기호화하는 데 사용

참고 파트03-챕터02-섹션01

50 다음 중 컴퓨터 CPU에 있는 연산 장치의 레지스터에 대한 설명으로 옳은 것은?

① 누산기 : 2개 이상의 수를 입력하여 이들의 합을 출력하는 논리 회로 또는 장치
② 가산기 : 산술 연산 및 논리 연산의 결과를 일시적으로 기억하는 레지스터
③ 데이터 레지스터 : 연산에 사용할 데이터를 일시적으로 기억하는 레지스터
④ 상태 레지스터 : 색인 주소 지정에 사용되는 레지스터

참고 파트03-챕터01-섹션01

51 다음 중 컴퓨터에서 부동 소수점과 비교하여 고정 소수점 데이터 표현 방법에 관한 설명으로 옳지 않은 것은?

① 연산 속도가 빠르다.
② 부호와 절대치 방식, 부호와 1의 보수 방식, 부호와 2의 보수 방식이 있다.
③ 아주 큰 수나 작은 수를 표현할 수 있다.
④ 정수 표현 형식으로 구조가 단순하다.

참고 파트03-챕터04-섹션02

52 다음에서 설명하는 인터넷 프로그래밍 언어로 옳은 것은?

- HTML의 단점을 보완하고, SGML의 복잡한 단점을 개선한 언어
- 사용자가 새로운 태그와 속성을 정의할 수 있는 확장성을 가짐
- 유니코드를 사용하므로 전 세계의 모든 문자를 처리

① XML
② ASP
③ JSP
④ VRML

참고 파트03-챕터04-섹션02

53 다음의 기능을 수행하는 OSI 7계층은?

- 송·수신 측 간에 관련성을 유지하고 대화를 설정하고 제어한다.
- 대화의 구성 및 동기를 제공한다.
- 데이터 교환 관리 기능을 수행한다.

① 응용 계층
② 표현 계층
③ 세션 계층
④ 전송 계층

참고 파트03-챕터07-섹션03

54 다음 중 개인 정보의 유형과 종류가 올바르게 연결된 것은?

① 일반적 정보 : 얼굴, 지문, 홍채
② 신체적 정보 : 건강상태, 진료기록, 장애등급
③ 정신적 정보 : 학력, 성적, 상벌기록
④ 사회적 정보 : 종교, 소득내역, 소비성향

참고 파트03-챕터04-섹션01

55 다음 중 근거리 통신망(LAN)에 대한 설명으로 옳지 않은 것은?

① 분산 처리와 실시간 처리가 가능한 고속 통신이다.
② 연결 방식으로는 스타형, 버스형, 링형, 망형, 트리형이 있다.
③ 유선 케이블, 적외선 링크, 소형 무선 송수신기 등을 이용하여 통신한다.
④ 회사와 상대적으로 먼 거리의 도시나 국가의 컴퓨터를 연결하여 자원을 공유한다.

참고 파트03-챕터02-섹션01

56 다음 중 컴퓨터에서 사용하는 캐시 메모리에 관한 설명으로 옳은 것은?

① CPU와 주기억 장치의 처리 속도를 향상시키기 위하여 사용한다.
② 보조 기억 장치를 주기억 장치처럼 사용할 수 있는 기능을 제공한다.
③ 주기억 장치를 접근할 때 주소 대신 기억된 내용으로 접근하는 기능을 제공한다.
④ EEROM의 일종으로 중요한 정보를 반영구적으로 저장할 수 있다.

참고 파트03-챕터02-섹션03

57 다음 중 메모리가 정상적으로 인식되지 않은 경우, 그 해결책으로 옳지 않은 것은?

① CMOS 셋업에서 캐시 항목이 Enable로 설정되어 있는지 확인한다.
② CMOS 셋업에서 RAM의 속도를 임의로 변경하지 않았는지 확인한다.
③ 메인보드에서 지원하는 RAM을 사용했는지 확인한다.
④ RAM 소켓에 RAM이 올바르게 꽂혀있는지 확인한다.

참고 파트03-챕터05-섹션02

58 다음 보기에서 설명하는 해킹 방법으로 옳은 것은?

> 트러스트 관계가 맺어져 있는 서버와 클라이언트를 확인한 후 클라이언트에 DoS 공격을 하여 연결을 끊은 다음, 공격자가 클라이언트의 IP 주소를 확보하여 서버에 실제 클라이언트처럼 패스워드 없이 접근하는 방법이다.

① 스푸핑(Spoofing)
② 스니핑(Sniffing)
③ 세션 하이재킹(Session Hijacking)
④ 크래킹(Cracking)

참고 파트03-챕터06-섹션01

59 다음 중 모바일 기기의 기능에서 테더링(Tethering)에 관한 설명으로 옳은 것은?

① 기기에 내장된 카메라를 이용해 실제 사물이나 환경에 부가 정보를 표시하는 기술이다.
② 인터넷에 연결된 기기를 활용해 다른 기기에서 인터넷 접속을 가능하도록 하는 기술이다.
③ 인공위성 위치정보 신호를 수신하는 기술이다.
④ 근거리에서 데이터의 무선 통신을 가능하도록 해주는 기술이다.

참고 파트03-챕터06-섹션01

60 다음에서 설명하는 용어로 옳은 것은?

> 고성능 무선 통신을 가능하게 하는 무선랜 기술로 유선을 사용하지 않고 전파나 빛 등을 이용하여 네트워크를 구축하는 방식

① WiFi
② RFID
③ I-PIN
④ Mirroring

빠른 정답 확인 QR
스마트폰으로 QR을 찍으면 정답표가 오픈됩니다.
기출문제를 편리하게 채점할 수 있습니다.

2024년 상시 기출문제 02회

풀이 시간 _____ 분   내 점수 _____ 점

시험 시간	합격 점수	문항수
60분	60점	총 60개

1과목 워드프로세싱 용어 및 기능

참고 파트01-챕터01-섹션01

01 다음 중 워드프로세서의 특징에 대한 설명으로 옳지 않은 것은?

① 작성한 문서를 다른 응용 프로그램에서 불러와 편집할 수 있다.

② 작성 중인 문서를 포토샵 파일(*.PDS)이나 동영상 파일(*.WMV)로 저장할 수 있다.

③ 작성한 문서에 암호를 부여하여 저장할 수 있어 보안 유지가 가능하다.

④ 작성한 문서를 메일, 팩시밀리, 모바일 등을 이용하여 쉽게 전송할 수 있다.

참고 파트01-챕터02-섹션01

02 다음 중 한자를 입력하는 방법으로 옳은 것은?

① 특정 영역을 범위 지정한 후 [한자]키를 눌러 변환할 수 없다.

② 한자의 음을 아는 경우에는 부수/총 획수 입력, 외자 입력, 2Stroke 입력이 있다.

③ 한자의 음을 모를 때에는 한글/한자 음절 변환, 단어 변환, 문장 자동 변환이 있다.

④ [한자]키로 한자로 변환한 후 한글로 변환할 수 있고 새로운 한자를 등록할 수 있다.

참고 파트01-챕터02-섹션03

03 다음 중 아래의 보기에서 설명하는 워드프로세서의 편집 관련 용어로 옳은 것은?

> 문서의 내용을 설명하거나 인용한 원문의 제목을 알려주는 보충 구절을 해당 페이지 하단에 표기하는 기능

① 미주(Endnote)

② 각주(Footnote)

③ 문단(Paragraph)

④ 클립아트(Clip Art)

참고 파트01-챕터02-섹션04

04 다음 중 문서의 인쇄에 대한 설명으로 옳지 않은 것은?

① 프린터의 해상도를 높게 설정하면 인쇄가 선명해진다.

② 문서의 내용을 축소하거나 500%까지 확대하여 인쇄할 수 있다.

③ 인쇄 옵션 항목에는 인쇄 범위, 인쇄 매수, 인쇄 방식 등을 지정할 수 있다.

④ 파일로 인쇄를 하면 종이에 출력한 후 PDF, XPS 등의 파일로 저장된다.

참고 파트01-챕터02-섹션02

05 다음 중 글꼴 방식에 대한 설명으로 옳지 않은 것은?

① 비트맵은 점으로 이루어진 글꼴로 점이 많으면 글씨가 세밀해진다.

② 비트맵 글꼴은 확대나 축소를 해도 글씨가 매끄럽게 나타난다.

③ 벡터 글꼴은 좌표를 받아 입력하고 글씨가 커지면 용량이 커진다.

④ 벡터 글꼴은 글자를 선분의 모임으로 그린 글꼴로 플로터 등에서 사용된다.

참고 파트01-챕터06-섹션03

06 다음 중 전자문서 관리 시스템에 대한 설명으로 옳지 않은 것은?

① 전자문서는 빠르고 정확한 검색이 가능하다.

② 전자문서의 효력은 수신자의 컴퓨터 파일에 기록되었을 때부터 발생한다.

③ 전자이미지관인은 문서과의 기안자가 자기의 서명을 이미지 형태로 입력하는 작업이다.

④ 전자문서에서 보존 기간이 20년 이상인 문서는 컴퓨터 파일과 장기보존이 가능한 용지에 출력한 출력물을 함께 보존한다.

참고 파트01-챕터02-섹션02

07 다음에서 설명하는 것은?

> 문단의 왼쪽/오른쪽 여백, 탭의 위치, 들여쓰기/내어쓰기, 눈금 단위 등을 표시한다.

① 제목 표시줄
② 스크롤(Scroll)
③ 상태 표시줄
④ 눈금자(Ruler)

참고 파트01-챕터04-섹션01

08 다음 중 공문서 항목 구분 시 넷째 항목의 항목 구분으로 사용할 수 있는 기호는?

① 가, 나, 다, …
② 가), 나), 다), …
③ ㉮, ㉯, ㉰, …
④ (가), (나), (다), …

참고 파트01-챕터06-섹션04

09 다음 중 공문서의 접수, 처리에 대한 설명으로 옳지 않은 것은?

① 접수한 문서에는 접수 일시와 접수 등록 번호를 전자적으로 표시한다.
② 종이문서인 경우에는 접수인을 찍고 접수 일시와 접수 등록 번호를 적는다.
③ 문서과에서 직접 받은 문서는 문서과에서 접수하여 처리한다.
④ 문서는 처리과에서 접수해야 한다.

참고 파트01-챕터05-섹션01

10 다음 문장에 사용되는 교정기호로 묶인 것은?

〈수정 전〉

> 경계치 않는 것이 아니라 넘어질 때마다
> 거기에 삶의 가장 큰 존재영광이 존재한다.

〈수정 후〉

> 넘어지지 않는 것이 아니라 넘어질 때마다 일어서는 것,
> 거기에 삶의 가장 큰 영광이 존재한다.

① ⌐, ⌒, ⌐
② ⌒, ⌣, ⌒
③ ☼, ⌒, ⌒
④ ⌣, ⌒, ⌐

참고 파트01-챕터06-섹션04

11 다음 중 우리나라에서 적용되는 공문서 효력이 발생하는 시기로 옳은 것은?

① 공문서가 작성 완료된 시점
② 공문서가 발송된 직후
③ 공문서가 수신자에게 도달한 시점
④ 공문서가 도달하여 수신자가 내용을 알게 된 시점

참고 파트01-챕터02-섹션03

12 다음 중 메일 머지(Mail Merge) 기능에 대한 설명으로 옳지 않은 것은?

① 이름이나 직책, 주소 등만 다르고 나머지 내용은 같은 편지를 쉽게 만들 수 있는 기능이다.
② 출력 방향은 파일, 프린터, 화면, 메일로 지정할 수 있다.
③ 데이터 파일은 엑셀(xlsx)이나 액세스(accdb) 파일이어야 한다.
④ 반드시 본문 파일에서 메일 머지 기능을 실행시켜야 한다.

참고 파트01-챕터02-섹션01

13 다음 중 워드프로세서에서 행말 금칙 문자로만 짝지어진 것으로 옳은 것은?

① °F ℃ ?
② ! ☎ 〉
③ # $ ☎
④ : ℃ #

참고 파트01-챕터02-섹션03

14 다음 중 머리말과 꼬리말에 대한 설명으로 옳지 않은 것은?

① 한 페이지의 맨 위와 아래에 내용이 쪽마다 고정적으로 반복되는 것을 말한다.
② 머리말과 꼬리말에는 책의 제목, 그 장의 제목, 쪽 번호 등을 넣는다.
③ 머리말과 꼬리말의 내용을 짝수쪽, 홀수쪽에 다르게 입력할 수 있다.
④ 머리말에 숫자, 문자, 그림은 입력할 수 있으나 표는 입력할 수 없다.

참고 파트01-챕터01-섹션02

15 다음 중 소트(Sort)에 대한 설명으로 옳지 않은 것은?

① 오름차순은 숫자, 영문자, 한글순으로 정렬된다.
② 작은 것부터 큰 순서대로 정렬하는 것을 오름차순 정렬이라고 한다.
③ 큰 것부터 작은 순서대로 정렬하는 것을 내림차순 정렬이라고 한다.
④ 한 번 정렬된 내용은 오름차순 혹은 내림차순으로 재배열할 수 없다.

참고 파트01-챕터02-섹션01

16 다음에서 설명하는 전자출판 기술은?

> – 서로 관련성 있는 문서와 문서를 연결하는 것으로 이용자의 의도된 선택에 따라 이동이 가능
> – 양방향 네트워크에 통신 표준에 따라 이용자에게 다양한 정보를 제공

① 위지윅(WYSIWYG)
② OLE(Object Linking&Embedding)
③ EDI(Electronic Data Interchange)
④ 하이퍼링크(Hyperlink)

참고 파트01-챕터06-섹션04

17 다음 중 공문서 관리와 관련된 설명으로 옳지 않은 것은?

① 편철은 분류가 끝난 문서를 문서철에 묶는 과정을 말한다.
② 공공기록물의 보존 기간은 영구, 준영구, 30년, 10년, 5년, 3년, 1년으로 구분한다.
③ 이관은 지정된 보존 기간에 맞춰 보존 중인 문서를 연장하여 보존하기 위해 해당 부서로 옮기는 것이다.
④ 분류는 보존 기간이 끝난 문서를 평가하여 보존, 폐기, 보류의 작업을 하는 것이다.

참고 파트01-챕터05-섹션01

18 다음 중 서로 상반되는 의미의 교정부호로 짝지어지지 않은 것은?

① ∨, ⌒
② ⌣, ⤵
③ ⌐, ⤺
④ ⤸, ⌐

참고 파트01-챕터02-섹션03

19 다음 중 찾기와 바꾸기에 대한 설명으로 옳지 않은 것은?

① 한글, 영문, 특수문자로 찾기와 바꾸기가 가능하다.
② 찾기는 문서의 내용에 변화를 주지 않지만 바꾸기는 문서의 내용에 변화를 줄 수 있다.
③ 찾기는 '검색'이라고도 하고 바꾸기는 '치환'이라고도 한다.
④ 바꾸기는 찾을 방향을 지정할 수 없다.

참고 파트01-챕터03-섹션02

20 다음에서 설명하는 전자출판 기능은?

> 제한된 색상에서 조합 또는 비율을 변화하여 새로운 색을 만드는 작업. 그래픽 이미지에 효과를 넣는 방법

① 디더링(Dithering)
② 렌더링(Rendering)
③ 리터칭(Retouching)
④ 필터링(Filtering)

참고 파트02-챕터02-섹션03

21 다음 중 한글 Windows 10의 파일과 폴더에 대한 설명으로 옳지 않은 것은?

① 파일의 효율적인 관리를 위해 서로 관련 있는 파일들을 한 폴더에 저장한다.

② CON, PRN, AUX, NUL은 시스템에 예약된 단어이므로, 파일 이름과 확장자명으로 사용할 수 없다.

③ 하나의 폴더 내에는 같은 이름의 파일 이름과 확장자가 존재할 수 없다.

④ 파일과 폴더의 이름은 확장자를 포함하여 기본적으로 260자 이내로 작성하며, 공백을 포함할 수 있다.

참고 파트02-챕터02-섹션01

22 다음 중 한글 Windows 10의 바탕 화면에 있는 폴더 아이콘의 바로 가기 메뉴를 사용하여 할 수 있는 작업으로 옳지 않은 것은?

① 바탕 화면에 해당 폴더의 새로운 바로 가기 아이콘을 만들 수 있다.

② 바로 이전에 삭제한 폴더를 복원할 수 있다.

③ 공유 대상 폴더를 설정할 수 있으며, 동기화할 수 있다.

④ 해당 폴더의 속성을 수정할 수 있다.

참고 파트02-챕터03-섹션02

23 다음 중 한글 Windows 10의 Windows Media Player에 대한 설명으로 옳지 않은 것은?

① 음악, 비디오, 그림, 녹화된 VR의 라이브러리별 관리를 한다.

② xlsx, hwp, doc 등과 같은 파일 형식의 문서 파일을 열 수 있다.

③ mp3 파일을 재생할 수 있다.

④ 재생 목록에 있는 파일을 비어 있는 CD 또는 DVD로 복사할 수 있다.

참고 파트02-챕터03-섹션02

24 다음 중 한글 Windows 10의 비디오 편집 기능에 대한 설명으로 옳지 않은 것은?

① 영상 파일을 자르기 및 분할할 수 있다.

② 비디오에 배경 음악이나 해설 텍스트의 색상을 변경하여 추가할 수 있다.

③ 다양한 효과와 필터의 기능을 제공한다.

④ 저장된 이미지를 이용할 수 없고 오디오 파일을 불러오기하여 MP4 형식으로 저장한다.

참고 파트02-챕터06-섹션01

25 다음 중 한글 Windows 10에서 네트워크 연결을 위한 [이더넷 속성] 창에 관한 설명으로 옳지 않은 것은?

① 네트워크 연결에 사용할 네트워크 어댑터의 유형과 장치가 장착된 위치 등을 알 수 있다.

② 네트워크 기능의 유형에는 라우터, 게이트웨이, 리피터 등이 있다.

③ 기본 게이트웨이와 DNS 서버 주소는 2개 이상 여러 개를 설정할 수 있다.

④ 네트워크가 IP 자동 설정 기능을 지원하지 않는 경우에는 해당 IP 주소, 서브넷 마스크, 기본 게이트웨이, DNS 서버 주소를 수동으로 설정하여야 한다.

참고 파트02-챕터05-섹션01

26 한글 Windows 10에서 [시스템 이미지 만들기]에 대한 설명으로 옳지 않은 것은?

① 시스템 이미지는 파일 시스템이 NTFS인 경우에만 가능하다.

② 시스템 이미지는 현재 사용 중인 드라이브 전체를 그대로 복사하는 것이다.

③ 시스템 이미지는 개별적인 폴더나 파일을 선택하여 만들 수 없다.

④ [제어판]-[복구]의 왼쪽 창에서 '시스템 이미지 만들기'를 클릭한다.

참고 파트02-챕터02-섹션03

27 다음 중 한글 Windows 10에서 선택된 파일의 이름 바꾸기를 하는 방법으로 옳은 것은?

① 내 PC나 파일 탐색기 창에서 Ctrl + H , R 을 차례로 누르고, 새 이름을 입력한 후 Enter 를 누른다.
② 내 PC나 파일 탐색기 창에서 [홈] 리본 메뉴의 [이름 바꾸기]를 선택하고, 새 이름을 입력한 후 Enter 를 누른다.
③ F3 을 누르고, 새 이름을 입력한 후 Enter 를 누른다.
④ 내 PC나 파일 탐색기 창에서 [보기] 리본 메뉴의 [이름 바꾸기]를 선택하고, 새 이름을 입력한 후 Enter 를 누른다.

참고 파트02-챕터02-섹션01

28 다음 중 한글 Windows 10에서 [시작] 메뉴에 대한 설명으로 옳지 않은 것은?

① [시작] 메뉴의 앱 목록은 사용자가 원하는 대로 추가하거나 제거할 수 있다.
② [시작] 메뉴의 앱 목록은 작업 표시줄에 고정하거나 시작 화면에 고정할 수 있다.
③ [시작] 메뉴의 앱 목록의 크기는 마우스로 드래그 앤 드롭하여 가로, 세로의 크기를 조절할 수 있다.
④ [시작] 메뉴의 앱의 [파일 위치 열기]를 눌러 실행 파일을 열 수 있다.

참고 파트02-챕터05-섹션02

29 한글 Windows 10의 [디스크 조각 모음 및 최적화]에 대한 설명으로 옳지 않은 것은?

① 네트워크 드라이브는 디스크 조각 모음을 할 수 없다.
② 디스크 조각 모음 후에는 액세스 속도가 향상된다.
③ 디스크 조각 모음을 수행하는 동안 다른 작업을 수행할 수 있다.
④ 디스크의 접근 속도 향상뿐만 아니라 디스크 용량 증가를 위하여 사용한다.

참고 파트02-챕터02-섹션01

30 다음 중 한글 Windows 10에서 바로 가기 아이콘을 만드는 방법으로 옳지 않은 것은?

① 파일을 선택한 후 바로 가기 메뉴에서 [바로 가기 만들기]를 선택하여 작성
② 바로 가기 아이콘을 작성할 항목을 Ctrl + Alt 를 누른 채 드래그 앤 드롭하여 작성
③ 파일을 선택하여 복사한 후 [홈] 리본 메뉴에서 [바로 가기 붙여넣기]를 선택하여 작성
④ 파일을 마우스 오른쪽 단추로 드래그 앤 드롭하여 나타나는 메뉴에서 [여기에 바로 가기 만들기]를 선택하여 작성

참고 파트02-챕터04-섹션01

31 한글 Windows 10의 화면 보호기에 대한 설명으로 옳지 않은 것은?

① 화면 보호 프로그램을 설정하면 마우스나 키보드를 누르면 원래의 화면으로 되돌아온다.
② 화면 보호기에서 사진, 슬라이드 쇼 등으로 선택하여 잠금 설정을 한다.
③ 화면 보호기의 대기 시간은 초 단위로 설정한다.
④ 화면 보호기에 별도로 암호를 설정할 수 없고 [다시 시작할 때 로그온 화면 표시]를 선택하면 보호기 실행 중 컴퓨터를 시작할 때 로그온하여 실행한다.

참고 파트02-챕터02-섹션03

32 다음 중 한글 Windows 10에서 사용하는 폴더의 속성 창에서 할 수 있는 작업으로 옳지 않은 것은?

① [일반] 탭에서는 해당 폴더의 위치나 크기, 디스크 할당 크기, 만든 날짜 등을 확인할 수 있다.
② [공유] 탭에서는 네트워크상에서 공유 또는 고급 공유 옵션을 설정할 수 있다.
③ [자세히] 탭에서는 해당 폴더에 대한 사용자별 사용 권한을 설정할 수 있다.
④ [사용자 지정] 탭에서는 해당 폴더에 대한 유형, 폴더 사진, 폴더 아이콘을 설정할 수 있다.

참고 파트02-챕터05-섹션03

33 다음 중 한글 Windows 10에서 문제 해결 방법에 관한 설명으로 옳지 않은 것은?

① 디스크 공간이 부족할 경우에는 불필요한 응용 앱들의 실행을 종료한다.
② 메모리가 부족할 경우에는 가상 메모리를 충분히 확보할 수 있도록 휴지통, 임시파일, 사용하지 않는 앱 등을 삭제한다.
③ 정상적인 부팅이 안 되는 경우에는 안전 모드로 부팅하여 문제를 해결한 후에 Windows 기본 모드로 재부팅한다.
④ 시스템 속도가 저하되는 경우에는 디스크 조각 모음 및 최적화를 실행하여 하드 디스크의 단편화를 제거한다.

참고 파트02-챕터03-섹션01

34 다음 중 한글 Windows 10에서 [그림판] 앱의 사용에 관한 설명으로 옳지 않은 것은?

① 그림의 특정 영역을 선택하여 저장할 수 있다.
② 마우스 오른쪽 단추를 누르고 드래그하면 색 2 (배경색)로 그림을 그릴 수 있다.
③ 멀티 레이어 기능을 이용하여 그림 요소를 구성할 수 있다.
④ 그림의 특정 영역을 사각형의 형태로 선택하여 복사할 수 있다.

참고 파트02-챕터01-섹션05

35 한글 Windows 10의 [계산기] 사용법으로 옳지 않은 것은?

① 날짜 계산에는 음력을 표시할 수 있다.
② 표준은 더하기, 빼기, 곱하기, 나누기, 루트를 계산한다.
③ 공학용은 표준 계산기의 기능에 로그, 지수, 나머지 연산을 한다.
④ 프로그래머용은 2진수, 8진수, 16진수 계산법과 계산의 결과를 저장할 수 있다.

참고 파트02-챕터02-섹션03

36 다음 중 한글 Windows 10에서 파일이나 폴더의 복사 또는 이동에 사용되는 클립보드에 관한 설명으로 옳지 않은 것은?

① 클립보드를 사용하면 서로 다른 응용 앱 간에 데이터를 쉽게 전달할 수 있다.
② 클립보드에 저장된 내용은 시스템을 다시 시작하더라도 일부분 재사용이 가능하다.
③ ⊞+V 를 눌러 나오는 클립보드의 내용은 여러 번 사용이 가능하다.
④ 클립보드의 데이터를 지우려면 [설정]의 [개인 설정]에서 [지우기]한다.

참고 파트02-챕터06-섹션01

37 한글 Windows 10에서 네트워크 구성 요소에 대한 설명으로 옳지 않은 것은?

① 네트워크에 있는 서로 다른 컴퓨터 간에 정보를 공유하려면 동일한 프로토콜을 사용하여야 한다.
② 어댑터는 컴퓨터가 네트워크에 있는 자원을 액세스할 수 있게 해주는 통신 규약이다.
③ 서비스는 내 컴퓨터에 설치된 파일, 프린터 등의 자원을 다른 컴퓨터에서 공유할 수 있도록 하는 소프트웨어이다.
④ 클라이언트는 네트워크의 다른 컴퓨터나 서버에 연결하여 파일이나 프린터 등의 공유 자원을 사용할 수 있도록 한 소프트웨어이다.

참고 파트02-챕터04-섹션03

38 다음 중 한글 Windows 10의 [프로그램 및 기능] 창에서 할 수 있는 작업으로 옳지 않은 것은?

① 새로운 Windows 업데이트를 수행하거나 설치된 업데이트 내용을 제거 · 변경할 수 있다.
② 시스템에 설치된 프로그램의 목록을 확인하거나 제거 또는 변경할 수 있다.
③ 설치된 Windows의 기능을 켜거나 끄기를 설정할 수 있다.
④ 새로운 응용 프로그램의 설치를 할 수 있다.

참고 파트02-챕터01-섹션05

39 한글 Windows 10의 [장치 관리자]에 대한 설명으로 옳지 않은 것은?

① 플러그인 앱이 실행되어 설치된 목록을 표시한다.
② 플러그인이 지원되지 않는 장치를 설치할 때에는 장치 관리자 창의 [동작]-[레거시 하드웨어 추가]를 눌러 나오는 [하드웨어 추가 마법사]를 사용한다.
③ 각 장치의 속성에서 드라이버 업데이트 작업을 할 수 있다.
④ 장치 관리자 창의 [파일] 메뉴에서 해당 디바이스 장치를 제거할 수 있다.

참고 파트02-챕터04-섹션01

40 다음 중 한글 Windows 10에서 [제어판]의 [사용자 계정] 창에서 실행할 수 있는 것으로 옳지 않은 것은?

① 시작 화면에 표시할 계정 이름 변경
② 표준 계정으로 계정 유형 변경
③ 사용자 계정 컨트롤 설정 변경
④ PC의 잠금화면 설정 변경

3과목 PC 기본상식

참고 파트03-챕터05-섹션03

41 다음 중 컴퓨터 시스템의 정보 보안 요건으로 옳지 않은 것은?

① 기밀성
② 무결성
③ 가용성
④ 공유성

참고 파트03-챕터02-섹션03

42 다음 중 컴퓨터 바이러스의 감염 증상으로 옳지 않은 것은?

① 앱의 실행 속도가 이유 없이 늘어진다.
② 사용 가능한 메모리 공간이 줄어드는 등 시스템 성능이 저하된다.
③ 일정 시간 후에 화면 보호기가 작동된다.
④ 예측이 불가능하게 컴퓨터가 재부팅된다.

참고 파트03-챕터01-섹션01

43 다음 중 4세대 컴퓨터의 특징으로 볼 수 없는 것은?

① 개인용 컴퓨터(PC)가 등장하였다.
② 다중 프로그램이 처음으로 도입되었다.
③ 가상 기억 장치가 도입되었다.
④ 기억 소자로 고밀도 집적 회로(LSI)가 사용되었다.

참고 파트03-챕터02-섹션01

44 다음은 컴퓨터의 명령어 처리 상태 중 무엇에 대한 설명인가?

> 번지 부분의 주소가 간접 주소일 경우 기억 장치의 주소가 지정하는 곳으로, 유효 번지를 읽기 위해 기억 장치에 한 번 더 접근한다.

① 인출 상태(Fetch Cycle)
② 간접 상태(Indirect Cycle)
③ 실행 상태(Execute Cycle)
④ 인터럽트 상태(Interrupt Cycle)

참고 파트03-챕터02-섹션01

45 다음 중 주기억 장치에 대한 설명으로 옳은 것은?

① 현재 가장 많이 사용하는 주기억 장치는 SSD(Solid State Drive)이다.
② EEPROM은 BIOS, 글꼴, POST 등이 저장된 대표적인 펌웨어(Firmware) 장치이다.
③ SDRAM은 전원이 공급되지 않아도 지워지지 않는 비휘발성 메모리이다.
④ RDRAM은 가장 속도가 빠른 기억 장치이다.

참고 파트03-챕터05-섹션03

46 다음 중 공개키 암호화 기법에 대한 설명으로 옳지 않은 것은?

① 이중키 암호화 기법이라고도 한다.
② 암호화키와 복호화키가 서로 다르다.
③ 대표적인 알고리즘으로 RSA가 있다.
④ 비밀키 암호화 기법에 비해 암호화와 복호화의 속도가 빠르다.

참고 파트03-챕터06-섹션01

47 다음 설명에 해당하는 컴퓨팅은?

> 인터넷상의 중앙 서버에 데이터를 저장해 두고, 인터넷 기능이 있는 모든 IT 기기를 사용하여 언제 어디서든지 정보를 이용할 수 있다는 개념으로, 컴퓨팅 자원을 필요한 만큼 빌려 쓰고 사용 요금을 지불하는 방식으로 사용되는 컴퓨팅이다.

① 모바일 컴퓨팅(Mobile Computing)
② 분산 컴퓨팅(Distributed Computing)
③ 클라우드 컴퓨팅(Cloud Computing)
④ 그리드 컴퓨팅(Grid Computing)

참고 파트03-챕터04-섹션02

48 다음 중 TCP/IP 상에서 운용되는 응용 계층 프로토콜이 아닌 것은?

① FTP
② HTTP
③ TELNET
④ RS-232C

참고 파트03-챕터02-섹션01

49 다음 중 컴퓨터에서 사용 가능한 가상 기억 장치에 관한 설명으로 옳지 않은 것은?

① 저장된 내용을 찾을 때 주소를 사용하지 않고 기억된 데이터의 내용을 이용하여 원하는 정보에 접근한다.
② 보조 기억 장치의 일부를 주기억 장치처럼 이용하여 주기억 장치의 용량이 확대된 것처럼 사용한다.
③ 페이징(Paging) 기법이나 세그멘테이션(Segmentation) 기법을 이용한다.
④ 주프로그램은 보조 기억 장치에 저장시키고 CPU에 의해 실제로 사용할 부분만 주기억 장치에 적재시키는 방법을 이용한다.

참고 파트03-챕터07-섹션01

50 MS 아웃룩(Outlook)에서 다음과 관련이 있는 전자우편의 헤더 부분은 무엇인가?

> 수신된 메일에 참조자가 표시되지 않으나, 함께 메일을 받을 참조자의 전자우편 주소

① 제목(Subject)
② 첨부(Attach)
③ 받는 사람(To)
④ 숨은 참조(Bcc)

참고 파트03-챕터04-섹션01

51 다음 중 네트워크 기본 장비에서 라우터(Router)에 관한 설명으로 가장 옳은 것은?

① 가까이 있는 여러 대의 컴퓨터를 네트워크와 연결하여 각 회선을 통합적으로 관리한다.
② 네트워크의 가장 최적의 경로를 설정하여 데이터를 전송한다.
③ 구조가 다른 네트워크에 데이터를 보내거나 다른 네트워크로부터 데이터를 받아들이는 출입구 역할을 한다.
④ 거리가 증가될수록 감쇠하는 신호를 재생하거나 출력 전압을 높여 전송한다.

참고 파트03-챕터04-섹션01

52 다음 중 멀티미디어 데이터의 장점에 대한 설명으로 거리가 먼 것은?

① 디지털 방식을 사용하여 한 번 정해진 값은 영구히 보존할 수 있다.
② 컴퓨터의 프로그램 기능을 이용하여 복잡한 처리가 가능하다.
③ 문자, 그림, 소리 등의 데이터는 각기 다른 독특한 방식으로 기록된다.
④ 대화 기능(Interactive)을 프로그램으로 부여할 수 있다.

참고 파트03-챕터03-섹션02

53 다음 중 모바일 기기 관련 기술에 대한 설명으로 옳지 않은 것은?

① 플로팅 앱(Floating App) : 저속 전송 속도를 갖는 홈 오토메이션 및 데이터 전송을 위한 표준 기술이다.
② 증강현실 : 현실 세계에 3차원 가상 물체를 겹쳐 보여주는 기술이다.
③ 중력센서 : 스마트폰이 가로 방향인지 세로 방향인지를 인식하여 화면 방향을 보정해 주는 데 사용되는 기술이다.
④ GPS : 어느 곳에서나 스마트폰의 위치를 알려주는 인공위성을 이용한 항법 시스템이다.

참고 파트03-챕터06-섹션02

54 다음에서 설명하는 용어로 옳은 것은?

> ㉮ 컴퓨터를 인간에게 좀 더 쉽고 쓸모 있게 함으로써 인간과 컴퓨터 간 상호작용을 개선하는 것을 목적으로 하여, 인간이 컴퓨터에 쉽고 편하게 다가갈 수 있도록 작동 시스템을 디자인하고 평가하는 과정을 다루는 학문이다.
> ㉯ 사용자가 눈으로 보는 현실 세계의 모습이나 실제 영상에 문자나 그래픽과 같은 가상의 3차원 정보를 실시간으로 겹쳐 보여주는 새로운 멀티미디어 기술이다.

① ㉮ CISC, ㉯ CAI
② ㉮ HCI, ㉯ AR
③ ㉮ CAL, ㉯ VCS
④ ㉮ HFC, ㉯ VR

참고 파트03-챕터05-섹션01

55 다음 중 저작권 표시(CCL : Creative Commons License)와 설명이 잘못 연결된 것은?

① ⓘ : 저작자와 출처 등을 표시하면 영리 목적의 이용으로 이용할 수 있지만 저작물의 변경 및 2차적 저작물의 작성을 허락하지 않는다.
② ⊜ : 저작자와 출처 등을 표시하면 영리 목적은 이용할 수 있지만 저작물의 변경 및 2차적 저작물의 작성을 허용하지 않는다.
③ ⓞ : 저작자와 출처 등을 표시하면 자유 이용을 허락하나 2차적 저작물에는 원저작물에 적용된 라이선스와 동일한 라이선스 기준을 적용한다.
④ Ⓢ : 저작자와 출처 등을 표시하면 저작물의 변경, 2차적 저작물의 작성을 포함하여 자유 이용을 허락하고 영리적 이용은 불가하다.

참고 파트03-챕터03-섹션02

56 다음 중 아래의 보기에서 설명하는 그래픽 기법으로 옳은 것은?

> 점토, 찰흙 등의 점성이 있는 소재를 이용하여 인형을 만들고, 소재의 점성을 이용하여 조금씩 변형된 형태를 만들어서 촬영하는 형식의 애니메이션 기법이다.

① 로토스코핑(Rotoscoping)
② 클레이메이션(Claymation)
③ 메조틴트(Mezzotint)
④ 인터레이싱(Interlacing)

참고 파트03-챕터04-섹션02

57 다음 중 인터넷의 IPv6 주소 체제에 관한 설명으로 옳지 않은 것은?

① IPv4와 호환성이 뛰어나다.
② Class A의 네트워크 부분은 IPv4의 2배인 16비트로 구성되어 있다.
③ 128비트의 주소를 사용하여 주소 부족 문제를 해결할 수 있다.
④ 인증성, 기밀성, 데이터 무결성의 지원으로 보안 문제를 해결할 수 있다.

참고 파트03-챕터04-섹션02

58 다음 중 데이터 통신의 프로토콜을 정의하는 OSI 7 계층에 대한 설명으로 옳지 않은 것은?

① 물리 계층 : 네트워크의 물리적 특징 정의
② 네트워크 계층 : 데이터 교환 기능 정의 및 제공
③ 세션 계층 : 데이터 표현 형식 표준화
④ 응용 계층 : 응용 프로그램과의 통신 제어 및 실행

참고 파트03-챕터07-섹션03

59 다음 중 개인정보에 대한 설명으로 옳은 것은?

① 개인정보는 성명, 주소 등과 같이 살아 있는 개인을 식별할 수 있는 정보이다.
② 개인에 대한 다른 사람의 평가, 견해 등과 같은 간접적인 정보는 개인정보에 포함되지 않는다.
③ 개인정보 자기결정권은 자신의 개인정보 보호를 위하여 정보주체가 지켜야 할 권리이다.
④ 프라이버시권은 자신에 관한 정보가 언제 누구에게 어느 범위까지 알려지고 이용되도록 할지를 스스로 결정하는 권리이다.

참고 파트03-챕터06-섹션01

60 다음 중 정보 통신 기술(ICT)에 대한 설명으로 옳지 않은 것은?

① 증강현실(Augmented Reality) : 현실 세계의 배경에 3D의 가상 이미지를 중첩하여 영상으로 보여 주는 기술이다.
② RFID(Radio Frequency IDentification) : 전자 태그가 부착된 IC칩과 무선 통신 기술을 이용하여 다양한 개체들의 정보를 관리할 수 있는 센서 기술이다.
③ 매시업(Mashup) : 웹상에서 제공되는 다양한 콘텐츠와 서비스를 혼합하여 새로운 서비스를 개발하는 기술이다.
④ 텔레메틱스(Telematics) : 유선 전화망, 무선망, 패킷데이터 망 등과 같은 기존의 통신망을 하나의 IP 기반 망으로 통합하여 각종 데이터를 전송하는 기술이다.

 빠른 정답 확인 QR
스마트폰으로 QR을 찍으면 정답표가 오픈됩니다.
기출문제를 편리하게 채점할 수 있습니다.

2024년 상시 기출문제 02회 2-51

1과목 워드프로세싱 용어 및 기능

참고 파트01-챕터01-섹션01

01 다음 중 워드프로세서에 대한 설명으로 옳지 않은 것은?

① 문서 편집 기능을 가진 소프트웨어로서 '문서 작성기'라고도 한다.
② 워드프로세서는 문서를 작성하고 수정, 인쇄할 수 있는 소프트웨어이다.
③ 입력 장치, 표시 장치, 저장 장치, 출력 장치, 전송 장치로 작업을 한다.
④ PDF 등의 다른 형식으로 작성된 문서는 워드프로세서로 변환할 수 없다.

참고 파트01-챕터02-섹션01

02 다음 중 워드프로세서의 입력 기능에 대한 설명으로 옳지 않은 것은?

① 삽입 상태에서 Space Bar 를 누르면 글자가 뒤로 밀려난다.
② 수정 상태에서 Back Space 를 누르면 앞 글자가 지워지고 공백으로 채워진다.
③ 삽입 상태에서 Insert 를 누르면 수정 상태가 되어 글자를 쓰면 덮어쓰기가 된다.
④ 수정 상태에서 Delete 를 누르면 커서 뒷글자가 지워지고 앞으로 당겨진다.

참고 파트01-챕터02-섹션02

03 다음 중 워드프로세서의 화면 구성 요소에 대한 설명으로 옳지 않은 것은?

① 제목 표시줄에는 파일 이름과 제어상자, 창 조절 단추가 표시된다.
② 커서는 화면상의 작업 위치로 행과 열의 위치는 상태 표시줄에 표시된다.
③ 화면 확대는 실제 크기를 바꾸지 않고 화면의 크기만 확대하거나 축소하는 기능이다.
④ 주 메뉴는 문서 편집 시 필요한 기능을 표시하는 곳으로 Shift 를 누른 후 메뉴 옆에 영문을 선택한다.

참고 파트01-챕터01-섹션02

04 다음 중 워드프로세서 용어에 대한 설명으로 옳지 않은 것은?

① 하드 카피(Hard Copy) : 화면에 보이는 내용을 그대로 프린터에 인쇄하는 것을 말한다.
② 소프트 카피(Soft Copy) : 화면에 문서의 결과물을 표시하는 것이다.
③ 용지 넘김(Form Feed) : 프린터에서 다음 페이지의 맨 처음 위치까지 종이를 밀어 올리는 것을 말한다.
④ 프린터 드라이버(Printer Driver) : 워드프로세서의 산출된 출력값을 특정 프린터 모델이 요구하는 형태로 번역해 주는 하드웨어를 말한다.

참고 파트01-챕터06-섹션02

05 다음 중 파일링에 대한 설명으로 옳지 않은 것은?

① 문서를 언제든지 쉽게 찾아볼 수 있도록 하기 위한 시스템이다.
② 불필요한 문서는 복사하여 보관한 후 폐기한다.
③ 파일링은 신속한 검색, 개방화, 시간과 공간의 절약을 목적으로 한다.
④ 문서 담당자가 개인의 서랍 속이나 다른 문서에 끼워 보관하면 안 된다.

참고 파트01-챕터06-섹션02

06 다음 중 문서 파일링 방법에 관한 설명으로 옳지 않은 것은?

① 명칭별 분류법은 거래자나 거래 회사명에 따라 첫머리 글자를 기준으로 분류한다.
② 주제별 분류법은 문서의 내용에서 주제를 결정하여 주제를 기준으로 분류한다.
③ 혼합형 분류법은 문자와 번호를 함께 써서 작성한 날짜별로 분류한다.
④ 지역별 분류법은 거래처의 지역 위치나 지역 범위에 따른 기준으로 분류한다.

참고 파트01-챕터02-섹션04

07 다음 중 워드프로세서의 인쇄 기능에 관한 설명으로 옳지 않은 것은?

① 미리보기 기능을 이용하여 문서의 전체 윤곽을 확인하고 파일로 인쇄할 수 있다.
② 문서 일부분만 인쇄할 수 있고, 문서의 내용을 파일로 인쇄할 수 있다.
③ 인쇄 매수를 지정하여 동일한 문서를 여러 번 인쇄할 수 있다.
④ 인쇄할 때 프린터의 해상도를 높게 설정하면 선명하게 인쇄할 수 있다.

참고 파트01-챕터02-섹션03

08 다음 중 워드프로세서의 편집 관련 용어에 관한 설명으로 옳은 것은?

① 미주(Endnote) : 문서의 내용을 설명하거나 인용한 원문의 제목을 알려주는 보충 구절로 문서의 맨 마지막 페이지에 한꺼번에 표시하는 기능을 말한다.
② 병합(Merge) : 인쇄하면서 동시에 다른 문서를 작성하거나 편집하는 기능이다.
③ 정렬(Align) : 작성된 문서의 내용을 일정한 기준으로 재분류하는 기능이다.
④ 기본값(Default) : 네트워크를 통한 업무의 교환 시스템으로 문서의 표준화를 전제로 한다.

참고 파트01-챕터03-섹션02

09 다음 용어에 해당하는 것은?

그림을 밝고 명암 대비가 작은 그림으로 바꾸는 것으로 회사 로고 등을 작성하여 배경으로 엷게 나타낼 때 사용한다.

① 워터마크(Watermark)
② 필터링(Filtering)
③ 오버프린트(Overprint)
④ 스프레드(Spread)

참고 파트01-챕터05-섹션01

10 〈보기 1〉의 문장이 〈보기 2〉의 문장으로 수정되는 데 필요한 교정부호들로만 올바르게 짝지어진 것은?

〈보기 1〉

함께라면 누군가와
갈 길이 아무리 멀어도 갈수 있었습니다.

〈보기 2〉

누군가와 함께라면
갈 길이 아무리 멀어도 갈 수 있습니다.

① ✹, ⌒, ⌒
② ⌒, ∨, ⌒
③ ∨, ⌒, ⌒
④ ⌒, ⌒, ✹

참고 파트01-챕터05-섹션01

11 다음 중 문서의 분량이 증가할 가능성이 있는 교정부호들로만 올바르게 짝지어진 것은?

① ⌒, ⌒, ⌐
② ⌒, 을, ✹
③ ⌐, >, ∨
④ 늘, ∨, ⌒

참고 파트01-챕터06-섹션04

12 다음 중 공문서의 작성 방법에 대한 설명으로 옳지 않은 것은?

① 금액을 표기할 경우에는 아라비아 숫자를 사용하되, 숫자 다음의 괄호 안에 한글로 기재한다.
② 문건별 면 표시는 중앙 하단에 표시하고, 문서철별 면 표시는 우측 하단에 표시한다.
③ 시행문을 정정한 때에는 문서의 여백에 정정한 글자 수를 표기하고 정정한 자가 그곳에 서명하고 날인한다.
④ 날짜는 2024. 7. 25. 형식으로 표기하고 시각은 13:45 형식으로 표기한다.

참고 파트01-챕터03-섹션01

13 다음 중 전자출판의 특징으로 옳지 않은 것은?

① 위지윅(WYSIWYG) 기능은 전자통신 기능을 이용한 것이다.
② 개체 처리 기능이 있어 서로 연결하거나 분해해서 사용할 수 있다.
③ 전자출판으로 저장된 자료는 다른 매체와 결합이 용이하다.
④ 지원하는 글꼴이 많고 사진, 도표, 그리기 등의 편집이 용이하다.

참고 파트01-챕터02-섹션01

14 다음 중 워드프로세서의 문서 저장 기능에 대한 설명으로 옳은 것은?

① 현재 작업 중인 보조 기억 장치의 내용을 주기억 장치로 이동시키는 기능이다.
② [다른 이름으로 저장하기] 대화상자에서 폴더를 새로 만들 수는 있지만 파일을 삭제할 수 없다.
③ 저장 시 암호를 지정하거나 백업 파일이 만들어지도록 설정할 수 있다.
④ 문서 일부분만을 블록으로 지정한 후에 따로 저장할 수 없다.

참고 파트01-챕터02-섹션04

15 다음 중 워드프로세서의 출력 기능에 대한 설명으로 옳지 않은 것은?

① 작성한 문서를 팩스로 보낼 수 있다.
② 현재 페이지만 인쇄할 수 있다.
③ 프린터의 해상도를 높게 설정하면 출력 시간이 길어진다.
④ 문서 편집 시 설정한 용지 크기는 인쇄 시 크기를 변경하여 출력할 수 없다.

참고 파트01-챕터06-섹션01

16 다음 중 문서관리에 대한 설명으로 옳지 않은 것은?

① 문서는 명칭별이나 주제별 등 문서 분류법에 따라 분류한다.
② 문서는 분류 후 활용한 문서를 묶어 편철한다.
③ 문서의 보관이란 편철이 끝난 모든 문서를 폐기하기 전까지 관리하는 것이다.
④ 이관이란 보존 기간에 맞춰 보존하기 위하여 해당 부서로 옮기는 것이다.

참고 파트01-챕터02-섹션02

17 다음과 가장 관련 있는 기능은 무엇인가?

> – 문단의 형태(글꼴, 크기, 문단 모양, 문단 번호)를 쉽게 변경할 수 있다.
> – 문서에 대하여 일관성 있는 서식을 유지하면서 편집하는 데 가장 유용한 기능이다.

① 스타일(Style)
② 매크로(Macro)
③ 워드 랩(Word Wrap)
④ 아이콘(Icon)

참고 파트01-챕터02-섹션03

18 다음 중 워드프로세서의 편집 기능에 대한 설명으로 옳지 않은 것은?

① 사전 기능은 단어를 입력하면 의미를 확인할 수 있게 해준다.
② 맞춤법 검사 기능은 작성된 문서와 워드프로세서에 포함된 사전과 비교해 틀린 단어를 찾아주는 기능이다.
③ 다단 편집이란 하나의 화면을 여러 개의 창으로 나누고 두 개 이상의 파일을 불러와 편집할 수 있는 기능이다.
④ 수식 편집기는 문서에 복잡한 수식이나 화학식을 입력할 때 사용하는 기능이다.

참고 파트01-챕터06-섹션04

19 다음 중 공문서 구성에서 두문에 해당하는 것은?

① 행정기관명
② 제목
③ 시행 일자
④ 발신명의

참고 파트01-챕터06-섹션04

20 다음 중 공문서의 발송에 대하여 설명한 것으로 옳지 않은 것은?

① 문서는 정보통신망을 이용하여 발신함을 원칙으로 한다.
② 문서를 행정기관이 아닌 자에게 전자우편 주소를 이용하여서 발송하는 것은 안 되며 항상 등기우편으로 발신하여야 한다.
③ 내용이 중요한 문서는 등기우편이나 그 밖에 발신 사실을 증명할 수 있는 특수한 방법으로 발신하여야 한다.
④ 행정기관의 장은 문서를 수신·발신하는 경우에 문서의 보안 유지와 위조, 변조, 분실, 훼손 및 도난 방지를 위한 적절한 조치를 마련하여야 한다.

2과목 PC 운영체제

참고 파트02-챕터02-섹션01

21 다음 중 한글 Windows 10의 부팅 메뉴에 대한 설명으로 옳지 않은 것은?

① 한글 Windows를 시작할 때 F2를 누르면 고급 부팅 옵션 창이 표시된다.
② [시스템 복원] 항목은 부팅에 문제가 있거나 시스템이 정상적으로 동작하지 않을 때 PC에 기록된 복원 지점을 사용해 Windows를 복원시키고자 할 때 사용한다.
③ [안전 모드] 항목을 선택하면 컴퓨터 작동에 필요한 최소한의 장치만을 설정하여 부팅한다.
④ [Windows 시작] 항목은 한글 Windows 10의 기본 부팅 방식이다.

참고 파트02-챕터01-섹션04

22 다음 중 한글 Windows 10의 창의 구성 요소에 대한 설명으로 옳지 않은 것은?

① 검색 상자 : 파일명이나 폴더명으로 원하는 항목을 검색할 수 있는 공간이다.
② 메뉴 표시줄 : 창의 기본 기능을 실행할 수 있도록 각종 명령을 모아놓은 공간이다.
③ 내용 표시 창 : 선택한 폴더의 내용이 표시되며 기본적인 작업이 이루어지는 공간이다.
④ 상태 표시줄 : 현재 사용하는 드라이브와 폴더의 위치가 표시되며, 폴더 이름을 선택하면 해당 폴더로 이동하는 공간이다.

참고 파트02-챕터02-섹션02

23 다음 중 한글 Windows 10이 설치된 C: 디스크 드라이브의 [로컬 디스크(C:) 속성] 창에서 작업할 수 있는 내용으로 옳지 않은 것은?

① 디스크 정리 및 디스크 포맷을 할 수 있다.
② 디스크 드라이브의 오류 검사 및 디스크 조각 모음을 할 수 있다.
③ 네트워크 파일이나 폴더를 공유할 수 있도록 설정할 수 있다.
④ 드라이브를 압축하여 디스크 공간을 절약할 수 있다.

참고 파트02-챕터04-섹션01

24 다음 중 한글 Windows 10의 화면 보호기에 대한 설명으로 옳지 않은 것은?

① 대기 시간, 다시 시작할 때 로그온 화면 표시를 지정할 수 있다.
② 일정 시간 모니터에 전달되는 정보에 변화가 없을 때 화면 보호기가 작동되게 설정한다.
③ 사용자 계정에 암호가 설정되어 있지 않아도 화면 보호기의 암호를 사용할 수 있다.
④ 화면 보호기는 마우스를 움직이거나 키보드에서 임의의 키를 누르면 해제된다.

참고 파트02-챕터06-섹션02

25 다음 중 한글 Windows 10에서 사용 중인 프린터의 공유 설정을 하려고 할 때 해당 프린터의 팝업 메뉴에서 선택해야 하는 메뉴 항목으로 옳은 것은?

① 속성
② 프린터 속성
③ 인쇄 기본 설정
④ 기본 프린터로 설정

참고 파트02-챕터04-섹션02

26 다음 중 한글 Windows 10에서 하드웨어 추가 또는 제거에 관한 설명으로 옳지 않은 것은?

① 설치된 하드웨어는 [제어판]이 [장치 관리자]에서 확인할 수 있다.
② 플러그 앤 플레이를 지원하는 장치를 설치하고 Windows 10을 재시작하면 자동으로 인식하여 설치된다.
③ 플러그 앤 플레이를 지원하지 않는 장치를 설치할 때는 [장치 관리자] 창의 [동작]-[레거시 하드웨어 추가] 메뉴를 선택하여 나타나는 [하드웨어 추가] 마법사를 사용한다.
④ 설치된 하드웨어의 제거는 [프로그램 및 기능] 창에서 해당 하드웨어의 드라이버를 제거하면 된다.

참고 파트02-챕터04-섹션03

27 다음 중 한글 Windows 10의 제어판에 있는 [기본 프로그램]을 이용하여 설정할 수 있는 내용으로 옳지 않은 것은?

① 같은 유형의 파일 형식 또는 프로토콜별로 연결된 프로그램을 설정할 수 있다.
② 파일 형식 또는 프로토콜이 항상 특정 프로그램에서 열리도록 설정할 수 있다.
③ 컴퓨터에 삽입된 CD 또는 미디어 유형에 따라 각각에 맞게 자동으로 수행할 작업을 지정할 수 있다.
④ 컴퓨터에 설치된 특정 프로그램에 대한 추가나 제거를 할 수 있다.

참고 파트02-챕터04-섹션02

28 다음 중 한글 Windows 10에서 [시스템] 속성 창에 관한 설명으로 옳지 않은 것은?

① [제어판]의 [개인 설정]을 실행한다.
② 윈도우의 버전을 확인할 수 있다.
③ 컴퓨터의 이름과 작업 그룹을 변경할 수 있다.
④ 프로세서의 종류, 메모리, 시스템의 종류를 확인할 수 있다.

참고 파트02-챕터05-섹션01

29 다음 중 한글 Windows 10에서 디스크 포맷 기능에 관한 설명으로 옳지 않은 것은?

① 빠른 포맷은 디스크의 불량 섹터를 검색하지 않고 디스크에서 파일을 제거한다.
② 현재 사용 중인 C 디스크 드라이브의 바로 가기 메뉴에서 [포맷]을 선택한다.
③ 디스크 포맷 창에서 용량, 파일 시스템, 할당 단위 크기, 볼륨 레이블 등을 지정할 수 있다.
④ 파일 시스템을 NTFS로 설정하면 폴더와 파일을 압축할 수 있도록 포맷할 수 있다.

참고 파트02-챕터01-섹션01

30 다음 중 아래의 보기에서 설명하는 한글 Windows 10 운영체제의 특징으로 옳은 것은?

> 한 대의 컴퓨터 시스템에서 운영체제가 각 작업의 제어권을 행사하여 작업의 중요도와 자원 소모량 등에 따라 우선순위가 높은 작업에 기회가 가도록 우선순위가 낮은 작업에 작동 제한을 걸어 특정 자원 응용 프로그램이 제어권을 독점하는 것을 방지하는 안정적인 체제

① 선점형 멀티태스킹
② 플러그 앤 플레이
③ 보안이 강화된 방화벽
④ 그래픽 사용자 인터페이스

참고 파트02-챕터02-섹션03

31 다음 중 한글 Windows 10에서 파일과 폴더에 대한 설명으로 옳지 않은 것은?

① 파일은 텍스트 문서, 사진, 음악, 앱 등이 될 수 있다.
② 폴더란 서로 관련 있는 파일들을 체계적으로 관리할 수 있는 저장 장소이다.
③ 파일이란 서로 관련성 있는 정보의 집합으로 디스크에 저장되는 기본 단위이다.
④ 폴더 안에 또 다른 하위 폴더와 파일을 만들 수 있으며 바탕 화면, 네트워크, 휴지통, Windows 탐색기 등에서 만들 수 있다.

참고 파트02-챕터01-섹션03

32 다음 중 한글 Windows 10의 바로 가기 키에 대한 설명으로 옳지 않은 것은?

① ⊞+R : 윈도우 재부팅
② Ctrl+Esc : 시작 화면 열기
③ Ctrl+Shift+Esc : 작업 관리자 창 바로 열기
④ ⊞+D : 열려있는 모든 창을 최소화하여 바탕 화면이 표시되거나 이전 크기로 복원

참고 파트02-챕터01-섹션01

33 다음 중 한글 Windows 10에서 제공하는 기능에 대한 설명으로 옳지 않은 것은?

① 원드라이브(OneDrive) : 종이에 메모하듯이 일정이나 전화번호 등을 입력할 때 사용하는 앱이다.
② 에어로 스냅(Aero Snap) : 열려있는 창을 드래그하는 위치에 따라 창의 크기를 조절할 수 있다.
③ 에어로 피크(Aero Peek) : 작업 표시줄 아이콘을 통해 축소판 미리보기가 가능하며, 열려있는 모든 창을 최소화하지 않고 바탕 화면을 볼 수 있다.
④ 에어로 쉐이크(Aero Shake) : 창을 흔들면 다른 열려있는 모든 창을 최소화하거나 다시 원상태로 나타나게 할 수 있다.

참고 파트02-챕터03-섹션01

34 한글 Windows 10의 [그림판]에서 할 수 없는 작업은?

① 다중 레이어 작업과 도면 제도의 기능을 할 수 있다.
② 전자 메일을 사용하여 편집한 이미지를 보낼 수 있다.
③ 작성한 이미지를 바탕 화면의 배경으로 설정할 수 있다.
④ 다른 그래픽 앱에서 편집한 이미지의 일부를 복사해서 붙여넣기할 수 있다.

참고 파트02-챕터06-섹션03

35 다음 중 한글 Windows 10에서 사용하는 웹 브라우저의 기능에 대한 설명으로 옳지 않은 것은?

① 플러그인 앱을 설치하여 다양한 멀티미디어 데이터를 처리할 수 있다.
② 접속된 웹 페이지를 사용자 컴퓨터에 저장하거나 인쇄할 수 있다.
③ 전자우편을 보내거나 HTML 문서를 편집할 수 있다.
④ 네트워크 환경 설정을 할 수 있다.

참고 파트02-챕터03-섹션03

36 다음 중 한글 Windows 10에서 문서 인쇄에 대한 설명으로 옳지 않은 것은?

① [프린터] 메뉴 중 [모든 문서 취소]는 스풀러에 저장되어 있는 문서 중 오류가 발생한 문서에 대해서만 인쇄 작업을 취소한다.
② 일단 프린터에서 인쇄 작업이 시작된 경우라도 잠시 중지시켰다가 다시 인쇄할 수 있다.
③ 인쇄 대기 중인 문서를 삭제하거나 출력 대기 순서를 임의로 조정할 수 있다.
④ 인쇄 중 문제가 발생한 인쇄 목록을 확인할 수 있다.

참고 파트02-챕터02-섹션03

37 다음 중 한글 Windows 10의 [휴지통 속성] 창에서 수행할 수 있는 작업으로 옳지 않은 것은?

① 삭제 확인 대화상자의 표시 설정
② 휴지통의 바탕 화면 표시 설정
③ 각 드라이브의 휴지통 최대 크기 설정
④ 파일을 휴지통에 버리지 않고 바로 제거하는 기능 설정

참고 파트02-챕터03-섹션02

38 다음 중 한글 Windows 10에서 사용하는 유틸리티 프로그램에 관한 설명으로 옳지 않은 것은?

① 압축 프로그램을 사용하면 디스크 공간을 효율적으로 사용할 수 있다.
② 이미지 뷰어는 그래픽 이미지를 볼 수 있게 해주는 프로그램이다.
③ 윈도우 비디오 편집기를 사용하면 동영상 편집을 할 수 있다.
④ FTP 프로그램을 사용하면 다른 장소에 있는 컴퓨터를 원격으로 사용할 수 있다.

참고 파트02-챕터05-섹션02

39 다음 중 한글 Windows 10의 [디스크 조각 모음 및 최적화]와 관련된 내용으로 옳지 않은 것은?

① 디스크 조각 모음이 진행 중인 동안에는 컴퓨터를 사용할 수 없다.
② NTFS, FAT, FAT32 이외의 다른 파일 시스템으로 포맷된 경우와 네트워크 드라이브에 대해서는 디스크 조각 모음을 실행할 수 없다.
③ 디스크 조각 모음을 수행하면 디스크 공간의 최적화를 이루어 접근 속도와 안전성이 향상된다.
④ SSD 드라이브를 매주, 매월 정해진 날에 디스크 조각 모음을 자동으로 수행하도록 예약을 설정할 수 있다.

참고 파트02-챕터06-섹션01

40 다음 중 한글 Windows 10의 인터넷 프로토콜 버전 4 (TCP/IPv4) 속성 창에서 수동으로 설정하는 IP 주소에 관한 설명으로 옳지 않은 것은?

① 해당 IP 주소는 인터넷상에서 자신만의 고유한 숫자로 된 주소이다.
② 서브넷 마스크는 해당 컴퓨터가 속한 네트워크 세그먼트를 식별하는 데 사용한다.
③ 기본 게이트웨이는 서로 다른 LAN을 연결하는 라우터의 주소이다.
④ 기본 설정 DNS 서버는 동적인 IP 주소를 할당해 주는 서버의 주소이다.

[참고] 파트03-챕터02-섹션01

41 다음 중 컴퓨터의 기능에 대한 설명으로 옳지 않은 것은?

① 입력 장치는 키보드, 마우스, 터치스크린, 이미지 스캐너 등과 같은 외부 입력 장치로부터 데이터를 읽어 들이는 기능을 한다.

② 기억 장치는 입력된 데이터나 앱, 처리된 결과로 얻어진 데이터를 저장하는 기능을 한다.

③ 연산 장치는 중앙 처리 장치로부터 읽어 들인 앱의 명령 코드를 해석하여 사칙 연산, 논리 연산, 비교 연산 등을 처리하는 기능을 한다.

④ 출력 장치는 처리된 결과나 기억 장치에 기억된 내용을 사람이 알아볼 수 있는 형태로 내보내는 기능을 한다.

[참고] 파트03-챕터06-섹션02

42 다음에서 설명하는 모바일 운영체제는 무엇인가?

> – 구글에서 개발한 리눅스 기반의 개방형 모바일 운영체제
> – 개방형 소프트웨어이므로 단말기 제조사나 이동 통신사 등이 무료로 사용할 수 있으나 개방된 만큼 보안에 취약함

① iOS
② 윈도우폰
③ 안드로이드
④ 클라우드 OS

[참고] 파트03-챕터01-섹션02

43 다음 중 컴퓨터 분류에서 워크스테이션(Workstation)에 관한 설명으로 옳지 않은 것은?

① 대부분 RISC 프로세서를 사용한다.
② 주로 다중 사용자 시스템에서 사용되기도 한다.
③ 네트워크에서 클라이언트(Client) 역할을 주로 담당한다.
④ 고성능 그래픽 처리나 공학용 시뮬레이션에 주로 사용한다.

[참고] 파트03-챕터07-섹션01

44 다음 중 전자우편에서 사용하는 프로토콜과 주소에 대한 설명으로 옳지 않은 것은?

① POP3는 2진 파일을 첨부한 전자우편을 보내기 위하여 사용한다.

② SMTP는 TCP/IP 호스트의 우편함에 ASCII 문자 메시지를 전송해 준다.

③ ks2002@korcham.net에서 @의 앞부분은 E-mail 주소의 ID이고, @의 뒷부분은 메일 서버의 호스트 이름이다.

④ MIME은 웹 브라우저에서 지원하지 않는 멀티미디어 파일을 이용하는 데 사용된다.

[참고] 파트03-챕터02-섹션01

45 다음에서 설명하는 기억 장치는?

> – EEPROM의 일종으로 ROM과 RAM의 기능을 모두 가지고 있다.
> – 읽기, 쓰기가 모두 가능하고 디지털 카메라, MP3 플레이어에 많이 사용한다.

① 플래시 메모리(Flash Memory)
② 캐시 메모리(Cache Memory)
③ 가상 메모리(Virtual Memory)
④ 연관 메모리(Associative Memory)

[참고] 파트03-챕터02-섹션01

46 다음 중 모니터 관련 용어에 대한 설명으로 옳은 것은?

① 해상도 : 모니터 화면을 구성하는 가장 작은 단위
② 픽셀 : 모니터가 처리할 수 있는 주파수의 폭
③ 화면 주사율 : 모니터가 가진 수직 주파수로, 1초에 화면이 깜빡이는 정도
④ 주파수 대역폭 : 모니터 등의 출력 장치가 내용을 얼마나 선명하게 표현할 수 있느냐를 나타내는 단위

참고 파트03-챕터02-섹션01

47 다음 중 컴퓨터에서 사용하는 하드 디스크에 관한 설명으로 옳지 않은 것은?

① 트랙은 하드 디스크 표면의 동심원을 말한다.
② 섹터는 트랙의 일부분으로 데이터가 저장되는 기본 단위이다.
③ 클러스터는 하드 디스크의 중심축으로부터 같은 거리에 있는 트랙들의 집합을 말한다.
④ 헤드는 데이터를 읽어내거나 쓰는 장치를 말한다.

참고 파트03-챕터06-섹션01

48 다음 중 모바일 기기의 기본 기능에서 증강현실(AR)에 관한 설명으로 옳은 것은?

① 유선 랜 기술인 WiFi로 인터넷을 연결하는 기능이다.
② 10cm 이내의 가까운 거리에서 무선으로 데이터를 전송하는 태그 기능이다.
③ 기기에 내장된 카메라를 이용하여 실제 사물이나 환경에 부가 정보를 표시하는 기능이다.
④ 인터넷에 연결된 기기와 그렇지 않은 기기를 USB나 블루투스로 인터넷을 연결하는 기능이다.

참고 파트03-챕터03-섹션01

49 다음 중 컴퓨터에서 사용하는 멀티미디어의 특징에 대한 설명으로 옳지 않은 것은?

① 디지털 데이터로 통합하여 처리한다.
② 정보 제공자와 사용자 간의 쌍방향성으로 데이터가 전달된다.
③ 데이터가 일정한 방향으로 순차적으로 처리된다.
④ 텍스트나 동영상 등의 여러 미디어를 통합하여 처리한다.

참고 파트03-챕터02-섹션01

50 다음의 기능을 나타내는 용어는?

> 자주 사용하는 사이트의 자료를 저장한 후, 사용자가 다시 그 자료에 접근하면 네트워크를 통해서 다시 읽어 오지 않고 미리 저장되어 있던 자료를 활용하여 빠르게 보여주는 기능

① 쿠키(Cookie)
② 캐싱(Caching)
③ 로밍(Roaming)
④ 스트리밍(Streaming)

참고 파트03-챕터04-섹션02

51 다음에서 설명하는 언어는?

> 객체 지향적 프로그래밍 언어로, 처음에는 가전제품 내에 탑재해 동작하는 앱을 위해 개발했지만, 현재는 웹 애플리케이션 개발에 가장 많이 사용하는 언어 가운데 하나이고, 모바일 기기용 소프트웨어 개발에도 널리 사용하고 있는 언어이다.

① JAVA
② Visual C++
③ Delphi
④ Power Builder

참고 파트03-챕터01-섹션01

52 다음은 무엇에 대한 설명인가?

> – 전송 중 발생하는 오류를 탐지하기 위해 오류 체크 비트를 하나 추가
> – 오류를 찾아 에러를 교정하는 코드

① BCD 코드
② ASCII 코드
③ EBCDIC 코드
④ Hamming 코드

참고 파트03-챕터02-섹션02

53 다음 중 컴퓨터에서 사용하는 앱에 관한 설명으로 옳지 않은 것은?

① 상용 소프트웨어는 정식으로 대가를 지불하고 사용해야 한다.
② 셰어웨어는 기능이나 사용기간 등에 제한을 두어 배포한 것으로 무료이다.
③ 프리웨어는 개발자가 소스를 공개한 소프트웨어로 누구나 수정 및 배포할 수 있다.
④ 알파 버전은 개발사 내에서 테스트를 목적으로 제작한 앱이다.

참고 파트03-챕터03-섹션02

54 다음 중 웹에서 사용이 가능한 웹 그래픽 표준 방식으로 사용되는 그래픽 파일이 아닌 것은?

① JPG
② PNG
③ BMP
④ GIF

참고 파트03-챕터03-섹션02

55 다음 중 파일 표준 형식에 대한 설명으로 옳지 않은 것은?

① MOV : 정지 영상을 표현하는 국제 표준 파일 형식으로 JPEG를 기본으로 한다.
② MPEG : 프레임 간의 연관성을 고려하여 중복 데이터를 제거하여 압축률을 높이는 손실 압축 기법을 사용한다.
③ ASF : 인터넷을 통해 오디오, 비디오 및 생방송 수신 등을 지원하는 스트리밍을 위한 표준 기술 규격이다.
④ AVI : Windows의 표준 동영상 파일 형식으로 별도의 하드웨어 장치 없이 재생할 수 있다.

참고 파트02-챕터06-섹션01

56 다음 중 아래의 보기에서 설명하는 네트워크 관련 용어로 옳은 것은?

- 호스트 이름으로부터의 IP 주소지에 대한 네트워크의 이름을 규정하는 것이다.
- 네트워크와 호스트를 나누는 데 사용된다.
- 32비트의 크기를 갖는다.
- 일반적으로 클래스 C인 경우 '255.255.255.0'을 사용한다.

① DNS(Domain Name System)
② 서브넷 마스크(Subnet Mask)
③ 게이트웨이(Gateway)
④ NAT(Network Address Translation)

참고 파트03-챕터01-섹션01

57 다음 중 컴퓨터의 수치 데이터 표현에서 고정 소수점 방식과 비교하여 부동 소수점 방식의 특징으로 옳지 않은 것은?

① 양수와 음수 모두 표현이 가능하다.
② 부호, 지수부, 가수부로 구성되어 있다.
③ 소수점이 포함된 실수를 표현하는 데 사용한다.
④ 연산 속도가 매우 빠르며 수의 표현 범위가 넓다.

참고 파트03-챕터06-섹션01

58 다음 중 ICT 관련 최신 기술 용어에 대한 설명으로 옳지 않은 것은?

① 트랙백(Trackback) : 내 블로그에 해당 의견에 대한 댓글을 작성하면 그 글의 일부분이 다른 사람의 글에 댓글로 보이게 하는 기술이다.
② 와이브로(Wibro) : 이동하면서 초고속 무선 인터넷 서비스가 가능한 기술이다.
③ RFID(Radio Frequency IDentification) : 전자 태그가 부착된 IC칩과 무선 통신 기술을 이용하여 다양한 개체들의 정보를 관리할 수 있는 센서 기술이다.
④ NFC(Near Field Communication) : 한 번의 로그인으로 기업 내의 각종 업무 시스템이나 인터넷에 접속할 수 있도록 하는 기술이다.

참고 파트03-챕터06-섹션02

59 다음 중 모바일 기기의 보안 기술과 가장 관련이 먼 것은?

① 킬 스위치(Kill Switch)
② 화면 잠금 기능
③ 모바일 OTP를 통한 인증 기능
④ 근접 센서 기능

참고 파트03-챕터05-섹션02

60 다음 중 정보 보안 위협에 대한 설명으로 옳지 않은 것은?

① 스미싱(Smishing) : 수신한 메시지에 있는 인터넷 주소를 클릭하면 악성코드를 설치하여 개인 금융 정보를 빼내는 행위이다.
② 스니핑(Sniffing) : 네트워크상에서 다른 상대방들의 패킷 교환을 엿보면서 계정과 패스워드를 알아내는 행위이다.
③ 파밍(Pharming) : 검증된 사용자가 네트워크를 통해 데이터를 보낸 것처럼 가장하여 해당 컴퓨터 시스템을 완전히 장악해 마음대로 정보를 변조하거나 파괴하는 행위이다.
④ 랜섬웨어(Ransom Ware) : 인터넷 사용자의 컴퓨터에 잠입하여 내부 문서나 스프레드시트, 그림 파일 등을 암호화하여 열지 못하도록 만든 후 금품을 요구하는 악성 앱이다.

빠른 정답 확인 QR
스마트폰으로 QR을 찍으면 정답표가 오픈됩니다.
기출문제를 편리하게 채점할 수 있습니다.

자동채점 서비스

▶ 합격 강의

2023년 상시 기출문제 01회

풀이 시간 _____ 분   내 점수 _____ 점

시험 시간	합격 점수	문항수
60분	60점	총 60개

1과목 | 워드프로세싱 용어 및 기능

참고 파트01-챕터01-섹션01

01 다음 중 워드프로세서의 기능을 수행하는 장치에 대한 설명으로 옳지 않은 것은?

① 입력 장치에는 스캐너, 마우스, 바코드 판독기 등이 있다.
② 표시 장치에는 LCD, LED, PDP 등이 있다.
③ 저장 장치에는 하드 디스크, 디지타이저, 터치패드 등이 있다.
④ 출력 장치에는 플로터, 프린터, COM 등이 있다.

참고 파트01-챕터01-섹션02

02 다음 중 워드프로세서 용어의 연결이 옳은 것은?

① 소프트카피 : 화면의 내용을 프린터로 인쇄하는 것
② 디폴트 : 전반적인 규정이나 서식 설정, 메뉴 등 이미 가지고 있는 값
③ 옵션 : 문서 작성에서 본문의 표제, 그림, 표 등을 페이지의 적당한 위치에 균형 있게 배치하는 기능
④ 홈베이스 : 명령이나 기능을 수행하는 데 있어 추가 요소나 선택 항목

참고 파트01-챕터02-섹션02

03 다음 중 워드프로세서 화면의 상태 표시줄에 없는 것은?

① 파일의 저장 폴더
② 현재 커서의 열 위치
③ 삽입과 수정 상태
④ 전체 페이지 수와 현재 페이지

참고 파트01-챕터02-섹션04

04 다음 중 워드프로세서의 인쇄 기능에 대한 설명으로 옳지 않은 것은?

① 인쇄 전 미리보기 기능을 이용하여 여백 보기 등을 통해 문서의 윤곽을 미리 확인할 수 있다.
② 모아 찍기 기능을 이용하여 문서 한 장에 여러 페이지를 인쇄할 수 있다.
③ 그림 워터마크와 글씨 워터마크를 설정하여 인쇄할 수 있다.
④ 파일로 인쇄하면 종이로 인쇄한 후 확장자가 .hwp 또는 .doc인 파일로 저장된다.

참고 파트01-챕터02-섹션02

05 다음의 글꼴 방식은 무엇인가?

- 아웃라인 방식
- 외곽선 정보를 사용하여 높은 압축률을 통해 파일의 용량을 줄인 글꼴
- 통신을 이용한 폰트의 송수신이 용이

① 비트맵
② 트루타입
③ 오픈타입
④ 포스트스크립트

참고 파트01-챕터02-섹션03

06 다음 중 워드프로세서의 검색 기능에 대한 설명으로 옳지 않은 것은?

① 한글, 영문, 특수문자의 검색이 가능하다.
② 문서의 아래 방향으로만 검색할 수 있다.
③ 문서의 내용을 변경하지는 않는다.
④ 표 안의 내용을 검색할 뿐만 아니라 대 · 소문자의 구별하여 검색이 가능하다.

참고 파트01-챕터02-섹션01

07 다음 중 워드프로세서에서 금칙 처리를 가장 잘 표현한 것은?

① 키보드상에 없는 특수문자를 이용해 입력하는 기능이다.
② 자료의 변화를 한눈에 알아보기 쉽게 시각화하여 표현하는 기능이다.
③ 문서에서 행의 처음이나 마지막에 올 수 없는 문자나 기호를 말한다.
④ 자주 사용하는 한자 단어를 한자 단어 사전에 등록하여 사용하는 것이다.

참고 파트01-챕터06-섹션03

08 다음 중 전자결재 시스템에 관한 설명으로 옳지 않은 것은?

① 문서 양식을 단순화하여 업무 효율성을 높일 수 있다.
② 문서 작성과 유통의 표준화로 업무 생산성을 향상시킬 수 있다.
③ 실명제로 인한 사무 처리의 신중성을 제고시켜 준다.
④ 전자결재가 끝난 문서는 출력하여 따로 편철한다.

참고 파트01-챕터02-섹션01

09 다음에서 설명하는 파일 형식은?

> 온라인으로 글꼴이나 그림의 편집 상태의 레이아웃을 유지하면서 문서 형태 그대로 주고받으며 디자인을 개발하거나, 각종 인쇄물을 전달하기 어려운 상황에서 온라인으로 인쇄 품질을 떨어뜨리지 않고 문서를 전달할 때 주로 사용한다.

① XML
② PDF
③ JPG
④ HTML

참고 파트01-챕터02-섹션03

10 다음 중 워드프로세서의 조판 기능에 대한 설명으로 옳은 것은?

① 두문은 각 페이지의 아래쪽에 고정적으로 들어가는 글을 입력한다.
② 미문은 페이지 번호, 장 제목 등 각 페이지의 위쪽에 홀수쪽, 짝수쪽으로 나누어 들어간다.
③ 각주는 문서의 설명으로 해당 페이지의 하단에 표기하는 것으로 본문의 크기와 상관없다.
④ 미주는 문서의 보충 설명을 문서의 맨 마지막에 한꺼번에 표기한다.

참고 파트01-챕터05-섹션01

11 다음 중 문서의 분량이 감소할 가능성이 있는 교정부호들로 올바르게 나열된 것은?

① ⊐, ⌒⌒, ⌐
② ⌒, >, ⌾
③ ⌒⌒, ⊇, ⌒
④ ⌐, ∨, ⊇

참고 파트01-챕터05-섹션01

12 다음 중 서로 상반되는 의미를 가진 교정부호로 짝지어진 것은?

① ∨, ⌒⌒
② ⌣, ⌾
③ ⌐, ⊂
④ ⊐⌐, ⊐

참고 파트01-챕터06-섹션02

13 다음 중 주제별 분류법에 대해 가장 잘 설명한 것은?

① 같은 내용의 문서를 한곳에 모아 두어 무한하게 확장이 가능하다.
② 동일한 개인 혹은 회사에 관한 문서가 한 곳에 집중되어 관리한다.
③ 거래처의 지역이나 범위에 따라 분류한다.
④ 문서량이 일정량 모이면 개별 폴더에 넣어 숫자를 지정하여 정리한다.

참고 파트01-챕터03-섹션01

14 다음 중 전자출판에 대한 설명으로 옳지 않은 것은?

① 위지윅(WYSIWYG) 방식으로 편집할 수 있다.
② 다양한 글꼴과 미리보기를 지원한다.
③ 전자출판 자료는 다른 개체와 혼합하여 편집할 수 없다.
④ 수식, 표, 그리기 기능을 사용하고 하이퍼링크 기술로 다양한 정보가 습득된다.

참고 파트01-챕터06-섹션03

15 다음 중 전자결재 시스템에 대한 설명으로 옳지 않은 것은?

① 결재에 필요한 시간을 줄여준다.
② 문서 정리 및 관리에 효율성을 증대시킨다.
③ 업무흐름도에 따라 결재 파일을 결재 경로에 따라 자동으로 넘겨준다.
④ 문서를 재가공해서 사용하는 것이 불가능하다.

참고 파트01-챕터02-섹션03

16 다음 중 맞춤법 검사(Spelling Check)에 대한 설명으로 올바른 것은?

① 수식과 화학식도 맞춤법 검사를 할 수 있다.
② 자주 틀리는 단어는 자동으로 수정되도록 지정할 수 있다.
③ 문서의 특정 부분만 검사할 수는 없다.
④ 맞춤법 외에 문법적인 오류는 고칠 수 없다.

참고 파트01-챕터04-섹션01

17 다음 중 문서의 올바른 작성 방법으로 옳지 않은 것은?

① 1문서는 1기안하여 전자문서로 하는 것을 원칙으로 하고 있다.
② 서술형으로 내용을 길게 설명하고 결론은 마지막에 쓴다.
③ 추상적이고 일반적인 용어보다는 구체적이고 개별적인 용어를 사용한다.
④ 문장은 가급적 짧게 끊어서 항목별로 표현한다.

참고 파트01-챕터04-섹션01

18 다음 중 올바른 글자 입력과 맞춤법에 대한 설명으로 옳지 않은 것은?

① 한글 자모는 24글자로 구성된다.
② 조사는 앞 글자에 이어 입력한다.
③ 단어는 기본적으로 띄어쓰기를 원칙으로 한다.
④ 외래어는 소리나는 대로 적는다.

참고 파트01-챕터06-섹션04

19 다음 중 공문서의 성립 및 효력 발생에 관한 설명으로 옳지 않은 것은?

① 공문서의 효력 발생 시기는 다른 법령에 특별한 규정이 없는 한 수신자에게 도달되는 시점이다.
② 공고 문서는 고시, 공고가 있은 후 7일이 경과한 날부터 효력이 발생한다.
③ 문서는 결재권자가 해당 문서에 서명의 방식으로 결재함으로써 성립한다.
④ 전자문서의 효력 발생 시점은 수신자의 컴퓨터에 도달하는 시점을 원칙으로 한다.

참고 파트01-챕터06-섹션01

20 다음 중 행정업무의 효율적 운영 방법으로 옳지 않은 것은?

① 문서의 결재 시 결재권자의 서명란에는 서명 날짜를 함께 표시한다.
② 둘 이상의 행정기관장의 결재가 필요한 문서는 각각의 행정기관 모두가 기안하여야 한다.
③ 위임전결하는 경우에는 전결하는 사람의 서명란에 '전결' 표시를 한 후 서명하여야 한다.
④ 결재할 수 있는 사람이 휴가, 출장, 그 밖의 사유로 결재할 수 없을 때에는 그 직무를 대리하는 사람이 대결할 수 있다.

2과목 PC 운영체제

참고 파트02-챕터01-섹션02

21 다음 중 한글 Windows 10에서 안전 모드로 부팅하는 방법으로 옳은 것은?

① [시작]-[전원]-[다시 시작]을 누를 때 Shift 와 함께 선택한다.
② 컴퓨터의 전원을 켜고 F8 을 눌러 [안전 모드]를 선택한다.
③ 시스템 구성 창에서 [시작프로그램]에서 [안전 모드]를 선택한다.
④ [시작]-[실행]에서 '안전 모드'를 입력한다.

참고 파트02-챕터02-섹션02

22 다음 중 한글 Windows 10의 [폴더 옵션] 창에서 설정할 수 있는 작업으로 옳지 않은 것은?

① 키보드의 단축키로 폴더를 열기
② 모든 폴더에 자세히 등 현재 보기를 적용하기
③ 마우스를 한 번 클릭해서 폴더를 열기
④ 폴더를 찾아볼 때 새 창에서 폴더를 열기

참고 파트02-챕터01-섹션03

23 다음 중 한글 Windows 10에서 마우스의 끌어놓기(Drag&Drop) 기능을 통해 할 수 있는 작업으로 옳지 않은 것은?

① 파일이나 폴더를 다른 폴더로 이동하거나 복사할 수 있다.
② 폴더 창의 크기를 조절하거나 이동을 할 수 있다.
③ 선택된 파일이나 폴더의 이름 바꾸기를 할 수 있다.
④ 파일이나 폴더의 바로 가기 아이콘을 만들 때 사용할 수 있다.

참고 파트02-챕터01-섹션01

24 다음 중 한글 Windows 10의 에어로 스냅(Aero Snap)에 대한 설명으로 옳은 것은?

① 작업 표시줄 끝에 마우스 포인터를 위치하면 바탕 화면 미리 보기가 된다.
② 현재 창을 제외하고 모든 창을 최소화한다.
③ 창을 흔들어 모든 창을 이전 크기로 표시한다.
④ 창을 화면의 가장자리로 드래그하면 위치에 따라 자동으로 크기가 변경되어 분할된다.

참고 파트02-챕터01-섹션02

25 다음은 한글 Windows 10의 무엇에 대한 설명인가?

- 하드 디스크의 타입, 주변 기기 장착 상태 등을 보여주는 반도체 메모리
- 마이크로프로세서나 SRAM 등의 집적 회로를 구성하는 데 사용
- 부팅의 우선순위 부여

① BIOS
② CMOS
③ POST
④ MBR

참고 파트02-챕터05-섹션01

26 다음 중 한글 Windows 10에서 [설정]-[업데이트 및 보안]에 대한 설명으로 옳지 않은 것은?

① [복구]는 USB 드라이브 또는 디스크에 있는 파일을 불러와 하드 디스크를 복구한다.
② [Windows 업데이트]는 다음 버전의 Windows 새로운 기능과 보안 개선 사항을 업데이트한다.
③ [백업]은 원본이 손실, 또는 손상 또는 삭제된 경우를 대비해서 다른 드라이브에 파일을 백업한다.
④ [Windows 보안]은 바이러스 및 위협 방지, 장치 보안 및 상태를 보고 관리한다.

참고 파트02-챕터05-섹션02

27 다음 중 한글 Windows 10의 [디스크 조각 모음 및 최적화]에 관한 설명으로 옳지 않은 것은?

① 디스크의 접근 속도 향상뿐만 아니라 디스크 용량 증가를 위하여 사용한다.
② Windows가 지원하지 않는 형식의 압축 파일이나 네트워크 드라이브는 수행할 수 없다.
③ 디스크 조각 모음 일정 구성을 통하여 예약 실행을 할 수 있다.
④ 디스크에 조각 모음이 필요한지 확인하려면 먼저 디스크를 분석해야 한다.

참고 파트02-챕터02-섹션03

28 다음 중 한글 Windows 10에서 휴지통에 대한 설명으로 옳지 않은 것은?

① 휴지통 아이콘은 바로 가기 만들기, 이름 바꾸기를 할 수 있다.
② 휴지통 아이콘을 작업 표시줄에 고정할 수 있다.
③ 파일을 휴지통에 버리지 않고 삭제할 때 바로 제거를 선택할 수 있다.
④ 휴지통 비우기를 하면 복원할 수 없다.

참고 파트02-챕터03-섹션01

29 다음 중 한글 Windows 10의 캡처 도구에 대한 설명으로 옳지 않은 것은?

① 내 PC의 전체 화면이나 특정 부분을 그림 형식으로 캡처하여 저장한다.
② 저장 파일 형식에는 PNG, JPG, GIF, HTML의 형식으로 저장한다.
③ 캡처 모드는 자유형, 사각형, 창, 전체 화면 캡처 중에서 선택한다.
④ 캡처된 화면의 글자나 그림을 수정하거나 지우기할 수 있다.

참고 파트02-챕터04-섹션01

30 다음 중 한글 Windows 10의 잠금 화면에 대한 설명으로 옳지 않은 것은?

① Windows 추천, 사진, 슬라이드 쇼, 사용자 사진으로 잠금 화면을 설정한다.

② 화면 시간 제한 설정을 하여 화면이나 전원 사용 시 지정 시간이 경과하면 끄기를 설정한다.

③ 화면 보호기 설정은 일정한 시간이 지나면 자동으로 화면에 움직이는 그림 등을 표시하여 화면을 보호한다.

④ 화면 보호기에 별도로 암호를 설정할 수 없고 시스템을 재시작할 수 있다.

참고 파트02-챕터05-섹션03

31 다음 중 한글 Windows 10에서 Bluetooth를 연결할 수 없을 때 조치로 옳지 않은 것은?

① Bluetooth가 하드웨어에 장착이 되어 있는지를 확인한다.

② Bluetooth 장치 드라이버가 설치되어 있는지를 확인한다.

③ [시작]-[설정]-[업데이트 및 보안]의 [문제 해결]-[추가 문제 해결사]에서 Bluetooth 장치 문제 찾기를 한다.

④ Bluetooth 장치 관리자에서 Windows 업데이트를 한다.

참고 파트02-챕터05-섹션01

32 다음 중 한글 Windows 10의 [관리 도구]에 대한 설명으로 옳지 않은 것은?

① 구성 요소 서비스

② 이벤트 뷰어

③ 성능 모니터

④ 장치 관리

참고 파트02-챕터02-섹션03

33 다음 중 한글 Windows 10에서 파일이나 폴더의 속성 창 기능으로 옳지 않은 것은?

① 그룹 또는 사용자 이름의 사용 권한을 설정할 수 있다.

② 폴더의 종류, 위치와 크기, 디스크 할당 크기를 확인할 수 있다.

③ 폴더를 만든 날짜, 수정한 날짜, 액세스한 날짜를 확인할 수 있다.

④ 폴더의 네트워크 파일 및 폴더의 공유를 설정할 수 있다.

참고 파트02-챕터05-섹션01

34 다음 중 한글 Windows 10의 [업데이트 및 보안] 창에서 설정할 수 있는 내용으로 옳지 않은 것은?

① Windows에서 컴퓨터의 중요한 최신 업데이트를 정기적으로 확인하여 자동으로 설치할 수 있다.

② 네트워크나 다른 컴퓨터에 액세스할 때 사용하는 여러 사용자 이름 및 암호를 저장된 사용자 이름 및 암호에 저장할 수 있다.

③ 바이러스와 기타 보안 위험으로부터 컴퓨터를 보호할 수 있다.

④ 권한이 없는 사용자가 네트워크나 인터넷을 통해 액세스하지 못하도록 막아 컴퓨터를 보호해 준다.

참고 파트02-챕터01-섹션05

35 다음 중 한글 Windows 10에서 [작업 관리자] 창에 대한 설명으로 옳지 않은 것은?

① 바탕 화면의 빈 영역에서 바로 가기 메뉴의 [작업 관리자]를 클릭하면 작업 관리자 창을 열 수 있다.

② 현재 컴퓨터에서 실행되고 있는 프로세스의 개수를 알 수 있다.

③ 현재 실행되고 있는 앱을 종료시킬 수 있다.

④ CPU, 메모리, 디스크 등의 사용률을 확인할 수 있다.

참고 파트02-챕터05-섹션03

36 다음 중 한글 Windows 10에서 네트워크에 이상이 있어 발생하는 문제라고 볼 수 없는 것은?

① 네트워크에 로그온할 수 없는 경우
② 네트워크를 통해 다른 컴퓨터와 연결되지 않는 경우
③ 다른 컴퓨터에 연결된 프린터를 공유할 수 없는 경우
④ 현재 실행 중인 이미지 뷰어 프로그램이 응답하지 않는 경우

참고 파트02-챕터06-섹션02

37 다음 중 한글 Windows 10에서 [시스템 구성] 창을 화면에 표시하려고 한다. 시작 버튼을 누른 후 검색 창에서 입력해야 할 명령어로 옳은 것은?

① ping
② finger
③ msconfig
④ ipconfig

참고 파트02-챕터06-섹션01

38 다음 중 한글 Windows 10에서 [이더넷] 속성 창에서 설정할 수 없는 기능은?

① Windows Defender 방화벽
② Microsoft Networks용 클라이언트
③ 인터넷 프로토콜 버전 4(TCP/IPv4)
④ Microsoft 네트워크용 파일 및 프린터 공유

참고 파트02-챕터06-섹션03

39 다음 중 한글 Windows 10에서 Microsoft Edge에 대한 설명으로 옳지 않은 것은?

① Microsoft Edge를 사용할 수 있는 장치는 Windows 및 macOS이고 Android, iOS는 사용할 수 없다.
② InPrivate를 검색할 때 항상 원격 추적 방지 사용을 한다.
③ 브라우징을 닫을 때 검색 데이터를 지우기할 항목을 선택한다.
④ 시작 홈 단추를 열 때 '새 탭 페이지 열기'할 것인지, '이전 세션의 탭 열기'할 것인지를 설정한다.

참고 파트02-챕터06-섹션01

40 다음 중 IPv6에 대한 설명으로 옳지 않은 것은?

① IPv6는 128비트로 구성되었고 16진수 8자리가 도트(.)로 구분된다.
② IPv4와 호환성이 뛰어나다.
③ 실시간 흐름제어로 향상된 멀티미디어 기능을 제공한다.
④ 인증성, 기밀성, 데이터 무결성의 지원으로 보안 문제를 해결할 수 있다.

참고 파트03-챕터01-섹션02

41 다음 중 컴퓨터에 대한 설명으로 옳지 않은 것은?

① 마이크로 컴퓨터는 크기가 작은 개인용 컴퓨터로 데스크톱, 랩탑, 노트북, 워크스테이션 등이 있다.

② 미니 컴퓨터는 마이크로 컴퓨터보다 처리 용량과 속도가 느리고 크기가 작은 서버용으로 사용한다.

③ 메인 프레임 컴퓨터는 여러 사람이 동시에 이용할 수 있으며 은행, 병원, 정부 기관 등 업무량이 많은 곳에서 사용한다.

④ 슈퍼 컴퓨터는 초고속 처리와 정밀 계산이 필요한 분야에서 사용하고 50페타플롭스(PF) 정도의 연산 처리 속도로 처리한다.

참고 파트03-챕터02-섹션01

42 다음 중 중앙 처리 장치(CPU)에 대한 설명으로 옳지 않은 것은?

① 중앙처리장치는 레지스터, 제어 장치, 연산 장치로 구성되어 있다.

② 컴퓨터 시스템 전체를 제어하는 장치로 다양한 입력 장치로부터 자료를 받아서 처리한 후 그 결과를 출력 장치로 보내는 일련의 과정을 제어하고 조정하는 일을 수행한다.

③ 연산 장치는 가존 덧셈을 수행하고 결과를 저장하는 상태 레지스터와 산술 연산과 논리 연산의 결과를 일시적으로 저장하는 기억 레지스터 등 여러 개의 레지스터로 구성되어 있다.

④ 소프트웨어 명령의 실행이 이루어지는 컴퓨터의 부분, 혹은 그 기능을 내장한 칩을 말하며 기계어로 쓰인 컴퓨터 프로그램의 명령어를 해석하여 실행한다.

참고 파트03-챕터04-섹션01

43 다음 중 디지털 회선의 중간에 위치하는 것으로 단순히 신호 증폭뿐만 아니라 네트워크 분할을 통해 트래픽을 감소시키며, 물리적으로 다른 네트워크를 연결할 때 사용하는 장비는 어느 것인가?

① 허브(Hub)

② 리피터(Repeater)

③ 브리지(Bridge)

④ 라우터(Router)

참고 파트03-챕터02-섹션02

44 다음에서 설명하는 시스템은?

> 한쪽의 CPU가 가동 중일 때 다른 CPU가 대기하며 가동 중인 CPU가 고장나면 대기 중인 다른 CPU가 가동되는 시스템

① 시분할 처리 시스템

② 실시간 처리 시스템

③ 듀플렉스 시스템

④ 분산 처리 시스템

참고 파트03-챕터01-섹션01

45 다음 중 펌웨어(Firmware)에 대한 설명으로 옳지 않은 것은?

① 하드웨어 장치에 포함된 소프트웨어이다.

② 펌웨어는 ROM에 저장되어 있어 사용자가 직접 업그레이드할 수 없다.

③ 하드웨어 제어와 구동을 담당한다.

④ 펌웨어는 컴퓨터를 최신의 상태로 유지하기 위해 사용한다.

참고 파트03-챕터03-섹션02

46 다음 중 아래의 설명에 해당하는 용어는?

> - 인터넷상에서 음성이나 동영상 등을 실시간으로 재생하는 기술이다.
> - 전송되는 데이터를 마치 끊임없고 지속적인 물의 흐름처럼 처리할 수 있는 기술을 의미한다.

① 스트리밍(Streaming)
② 샘플링(Sampling)
③ 로딩(Loading)
④ 시퀀싱(Sequencing)

참고 파트03-챕터02-섹션01

47 다음 중 모니터 관련 용어에 대한 설명으로 옳은 것은?

① 해상도 : 모니터 화면을 구성하는 가장 작은 단위
② 주파수 대역폭 : 모니터 등의 출력 장치가 내용을 얼마나 선명하게 표현할 수 있느냐를 나타내는 단위
③ 픽셀 : 모니터가 처리할 수 있는 주파수의 폭
④ 화면 주사율 : 모니터가 가진 수직 주파수로, 1초에 화면이 깜빡이는 정도

참고 파트03-챕터03-섹션02

48 다음 중 액세스 타임이 빠른 것부터 느린 것 순서로 옳게 나열한 것은?

① CPU 내부 레지스터 → 캐시 메모리 → 주기억 장치 → HDD(하드 디스크) → FDD(플로피 디스크)
② 캐시 메모리 → CPU 내부 레지스터 → 주기억 장치 → FDD(플로피 디스크) → HDD(하드 디스크)
③ 캐시 메모리 → CPU 내부 레지스터 → 주기억 장치 → HDD(하드 디스크) → FDD(플로피 디스크)
④ 주기억 장치 → 캐시 메모리 → CPU 내부 레지스터 → FDD(플로피 디스크) → HDD(하드 디스크)

참고 파트03-챕터02-섹션03

49 다음 중 바이러스에 대한 설명으로 옳지 않은 것은?

① 바이러스는 실행 파일에 감염되고 일반 파일에는 감염되지 않는다.
② 백신을 RAM에 상주시켜 바이러스 감염을 예방할 수 있다.
③ 시스템 파일이 손상되어 부팅이 정상적으로 수행되지 않을 수 있다.
④ 특정한 날짜가 되면 컴퓨터 화면에 이상한 메시지가 표시될 수 있다.

참고 파트03-챕터02-섹션02

50 다음 중 운영체제의 구성에서 제어 프로그램에 속하지 않는 것은?

① 감시 프로그램(Supervisor Program)
② 서비스 프로그램(Service Program)
③ 데이터 관리 프로그램(Data Management Program)
④ 작업 관리 프로그램(Job Management Program)

참고 파트03-챕터07-섹션01

51 다음 중 전자우편을 사용할 때 지켜야 하는 예절에 대한 설명으로 가장 옳은 것은?

① 간결한 문서 작성을 위하여 약어를 사용할 수 있지만, 너무 많은 약어는 사용하지 않는다.
② 정확한 송·수신을 위하여 여러 번 발송한다.
③ 전자우편을 보낼 때는 용량에 무관하므로 가급적 해상도 높은 사진, 동영상들을 제공하고, 제목만 보고도 중요도와 내용을 알 수 있도록 작성한다.
④ 전자우편은 많은 사람이 읽어볼 수 있도록 메일링 리스트를 이용하여 가능한 많은 계정으로 보낸다.

참고 파트03-챕터03-섹션02

52 다음 중 멀티미디어 파일 포맷에 대한 설명으로 옳지 않은 것은?

① MP3는 PCM 기법에 의해 생성된 디지털 데이터를 사용하며 MPEG-3 규격의 압축 기술을 사용한다.
② ASF는 인터넷을 통해 오디오, 비디오 및 생방송 수신 등을 지원하는 통합 멀티미디어 형식이다.
③ WMF는 Windows에서 기본적으로 사용하는 벡터 그래픽 파일 형식이다.
④ DVI는 인텔사에서 개발한 동영상 압축 기술이다.

참고 파트03-챕터05-섹션03

53 다음 중 네트워크에서 데이터 전달의 흐름을 방해하여 가용성에 영향을 미치는 컴퓨터 시스템의 정보 보안 위협 유형으로 옳은 것은?

① 가로막기(Interruption)
② 가로채기(Interception)
③ 수정(Modification)
④ 위조(Fabrication)

참고 파트03-챕터02-섹션01

54 다음 중 인터럽트에 대한 설명으로 옳지 않은 것은?

① 외부 인터럽트는 입·출력 장치, 전원 등의 외부적인 요인에 의해 발생한다.
② 여러 장치에서 동시에 인터럽트가 발생할 경우 우선순위가 높은 인터럽트부터 수행한다.
③ 외부 인터럽트는 트랩이라고도 불린다.
④ 소프트웨어 인터럽트는 프로그램 처리 중 명령의 수행에 의해 발생한다.

참고 파트03-챕터04-섹션02

55 다음 중 ISO(국제표준화기구)가 정의한 국제표준규격 통신 프로토콜인 OSI 7계층 모델의 물리적 계층에서 발생하는 오류를 발견하고 수정하는 기능을 맡으며 링크의 확립, 유지, 단절의 수단을 제공하는 계층은?

① 네트워크 계층(Network Layer)
② 데이터 링크 계층(Data Link Layer)
③ 세션 계층(Session Layer)
④ 응용 계층(Application Layer)

참고 파트03-챕터04-섹션02

56 다음에서 설명하는 것은?

> - 복잡하고 대용량인 멀티미디어 문서를 원활하게 교환할 수 있도록 국제표준화기구(ISO)에서 제정한 데이터 객체 양식의 표준
> - 유연성이 높고 시스템에 독립적으로 운용이 가능하나 기능이 방대하고 복잡하여 시스템 개발에 어려움이 많은 언어

① XML
② SGML
③ UML
④ HTML

참고 파트03-챕터06-섹션01

57 다음 중 모바일 기능에 대한 연결이 옳지 않은 것은?

① 증강현실 : 위성에서 보내는 신호를 수신해 사용자의 현재 위치를 알아내는 시스템
② 근접센서 : 물체가 접근했을 때 위치를 검출하는 센서
③ DMB : 영상이나 음성을 디지털로 변환하는 기술을 이용하여 휴대용 IT 기기에서 방송하는 서비스
④ NFC : 무선태그 기술로 10cm 이내의 가까운 거리에서 기기 간의 설정 없이 다양한 무선 데이터를 주고받는 통신기술

참고 파트03-챕터04-섹션02

58 다음에서 설명하는 것은?

> – 하나의 아이디로 여러 사이트를 이용할 수 있는 시스템
> – 여러 개의 사이트를 운영하는 대기업이나 인터넷 관련 기업이 각각의 회원을 통합 관리할 필요성에 따라 개발된 방식

① SSO
② IoT
③ USN
④ RFID

참고 파트03-챕터04-섹션02

59 다음 중 스마트폰의 보안 위협에 대처하는 방법에 대한 설명으로 옳지 않은 것은?

① 와이파이(Wi-Fi)망에서 양자 간 통신 내용을 가로채는 중간자 공격을 방지하기 위해 VPN 서비스를 강화한다.
② 악성코드나 바이러스 감염으로부터 예방하고자 운영체제와 백신 프로그램을 항상 최신 버전으로 업데이트한다.
③ 악성코드 유포를 막기 위해 가급적 멀티미디어 메시지(MMS)를 사용하고 블루투스 기능은 항상 켜 놓는다.
④ 분실한 기기에 저장된 개인정보를 원격으로 삭제하여 불법 사용을 방지하기 위해 킬 스위치(Kill Switch) 기능을 사용한다.

참고 파트03-챕터04-섹션02

60 다음 중 인터넷 관련 용어의 설명으로 옳지 않은 것은?

① 데몬(Daemon)은 사용자가 직접적으로 제어하지 않고, 백그라운드에서 돌면서 주기적인 서비스 요청 등 여러 작업을 하는 프로그램을 말한다.
② 푸쉬(Push)는 인터넷에서 사용자의 요청에 의하지 않고 서버의 작용에 의해 서버상에 있는 정보를 클라이언트로 자동 배포(전송)하는 것을 말한다.
③ 미러 사이트(Mirror Site)는 인기 있는 웹 사이트의 경우 사이트의 부하를 분산하기 위해 2개 이상의 파일 서버로 똑같은 내용을 분산시켜 보유하고 있는 사이트를 말한다.
④ 핑거(Finger)란 지정한 IP 주소 통신 장비의 통신망 연결을 확인하기 위한 것으로 통신 규약으로는 인터넷 제어 메시지 프로토콜(ICMP)을 사용한다.

빠른 정답 확인 QR
스마트폰으로 QR을 찍으면 정답표가 오픈됩니다.
기출문제를 편리하게 채점할 수 있습니다.

2023년 상시 기출문제 02회

풀이 시간 _____ 분   내 점수 _____ 점

시험 시간	합격 점수	문항수
60분	60점	총 60개

1과목 워드프로세싱 용어 및 기능

참고 파트01-챕터02-섹션01

01 다음에서 설명하는 워드프로세서 기능과 관련 있는 것은?

> – 한 행의 문자가 다 채워지지 않은 상태에서 Enter 키를 눌러 다음 행의 처음으로 커서를 이동하는 기능
> – 새로운 문단을 시작할 때 사용하는 기능

① 자동 개행
② 강제 개행
③ 자동 페이지 넘김
④ 강제 페이지 넘김

참고 파트01-챕터02-섹션03

02 다음 중 워드프로세서에서 글자를 입력하는 방법으로 옳지 않은 것은?

① 대 · 소문자는 Caps Lock 나 Shift 를 이용해서 입력한다.
② 범위를 지정한 후 Delete 를 눌러 한꺼번에 삭제할 수 있다.
③ 수정 상태일 경우에는 잘못 입력된 내용을 고치는 기능으로 기존의 글자는 지워진다.
④ 삽입 상태일 경우 Space Bar 를 누르면 글자가 오른쪽으로 밀려나고, Back Space 를 누르면 뒷글자가 지워진다.

참고 파트01-챕터02-섹션01

03 다음 중 문서 저장 시 파일명 및 확장자(Extension)를 지정하는 방법에 대한 설명으로 옳지 않은 것은?

① 문서 파일명은 문서의 성격 및 내용이 무엇인지를 쉽게 알 수 있도록 간단하게 지정하는 것이 좋다.
② 일반적으로 *.bak 파일은 문서가 변경되어 저장되는 경우 그 이전의 문서 내용을 저장하는 백업 파일이다.
③ 문서 작성 프로그램에 따라 기본적으로 저장되는 확장자는 정해지므로 임의로 사용자가 다른 형식으로 바꾸어 저장할 수 없다.
④ 이미지 형식으로 저장하여 그림판에서 불러오기 할 수 있다.

참고 파트01-챕터05-섹션01

04 다음 중 문서의 수정을 위한 교정부호의 표기법으로 옳지 않은 것은?

① 문서의 내용과 혼동되지 않도록 글자색과 동일한 색으로 표기하도록 한다.
② 한번 교정된 부분도 다시 교정할 수 있다.
③ 교정하고자 하는 글자를 명확하게 지적해야 한다.
④ 여러 교정부호를 동일한 행에 사용할 내 교정부호가 겹치지 않도록 한다.

참고 파트01-챕터05-섹션01

05 다음과 같이 문장이 수정되었을 때 사용된 교정부호의 순서를 올바르게 나열한 것은?

〈수정 전〉

> 하이퍼텍스트(Hypertext)의 기능은
> 텍스트를 클릭하여 다른 도움말로 이동할수 있다.

〈수정 후〉

> 하이퍼텍스트(Hypertext)의 기능은
> 텍스트를 클릭하여 관련된 다른 도움말로 이동할 수 있다.

① ﹂, ✓, ﹏
② ﹄, ﹏, ✓
③ ﹂, ﹏, ﹏
④ ﹄, ﹍, ﹏

참고 파트01-챕터02-섹션03

06 다음 중 메일 머지(Mail Merge)에 대한 설명으로 옳지 않은 것은?

① 본문 파일에 커서를 두고 메일 머지 기능을 실행한다.
② 초청장, 안내장, 청첩장 등을 만들 경우에 효과적이다.
③ 데이터 파일은 반드시 DBF 파일만 사용한다.
④ 본문 내용은 동일하지만 수신인이 다양할 때 사용한다.

참고 파트01-챕터02-섹션04

07 다음 중 워드프로세서의 인쇄 기능에 대한 설명으로 옳지 않은 것은?

① 문서의 내용을 종이에 출력하지 않고 파일로 디스크에 저장할 수 있다.
② 프린터의 해상도를 높게 설정하면 출력 시간은 길어지지만 대신 선명하게 인쇄할 수 있다.
③ 문서의 1-3페이지를 여러 장 인쇄할 때 한 부씩 찍기를 선택하지 않으면 1-2-3페이지 순서로 여러 장이 인쇄된다.
④ 미리 보기 기능을 사용하여 문서의 내용을 편집할 수는 없다.

참고 파트01-챕터03-섹션01

08 전자출판이 현재 출판 산업에 끼치는 영향에 대한 설명으로 옳지 않은 것은?

① 여러 가지 콘텐츠의 사용으로 정보화 사회로 발전하고 있다.
② 만화, 웹툰, 웹소설 등 다양하게 활용되고 있다.
③ 복잡한 디지털 환경이 조성되어 출판 비효율성의 원인이 되고 있다.
④ 전자출판은 소자본으로 시작할 수 있어 업계 진출이 자유롭다.

참고 파트01-챕터06-섹션04

09 다음 중 공문서 작성에 관한 설명으로 옳지 않은 것은?

① 공문서의 항목 순서가 필요한 경우에는 ㅁ, ㅇ, -, · 등과 같은 기호로 표시할 수 있다.
② 문서에 금액을 표시할 때에는 금153,530원(금일십오만삼천오백삼십원)과 같이 표시하여야 한다.
③ 본문의 내용이 표 형식으로 표의 중간까지만 작성된 경우에는 '끝' 표시를 하지 않고 마지막으로 작성된 칸의 다음 칸에 '이하 빈칸'으로 표시한다.
④ '업무 실명제'란 주요 정책의 결정 및 집행 과정에 참여하는 관련자의 실명과 의견을 기록·관리하는 제도를 말한다.

참고 파트01-챕터02-섹션04

10 다음 중 워드프로세서의 인쇄 기능에 대한 설명으로 옳지 않은 것은?

① 블록을 지정하여 인쇄할 수 있다.
② 화면의 확대는 인쇄했을 때에도 확대하여 인쇄된다.
③ 프린터의 해상도를 높게 설정하면 출력 시간을 길어지지만 선명하게 인쇄된다.
④ 미리보기 기능을 이용하면 편집한 내용의 전체 윤곽을 확인할 수 있다.

참고 파트01-챕터02-섹션02

11 다음 중 그래픽 데이터의 벡터 방식에 대한 설명으로 옳지 않은 것은?

① 점과 점을 연결하는 직선이나 곡선을 이용하여 이미지를 표현한다.

② 이미지를 확대하여도 테두리가 매끄럽게 표현된다.

③ 좌표 개념을 사용하여 이동 회전 등의 변형이 쉽다.

④ 비트맵 방식과 비교하여 기억공간을 많이 차지한다.

참고 파트01-챕터02-섹션02

12 다음 중 워드프로세서의 스타일(Style) 기능에 대한 설명으로 옳지 않은 것은?

① 자주 사용하는 글자 모양이나 문단 모양을 미리 스타일로 만들어 놓고 사용한다.

② 글자 모양을 한꺼번에 바꿀 수 있다.

③ 긴 글에 대해 일관성 있는 문단 모양으로 통일성을 유지할 수 있다.

④ 문서 전체에 대해 스타일을 지정하며 블록을 지정하여 스타일을 지정할 수는 없다.

참고 파트01-챕터06-섹션03

13 다음 중 EDI에 대한 설명으로 옳지 않은 것은?

① 각종 서류를 표준화된 양식을 통해 전자적 신호로 바꿔 컴퓨터통신망을 이용, 전송하는 시스템이다.

② 기업 간의 거래 데이터를 교환하기 위한 표준 포맷으로 미국의 데이터교환표준협회에 의해 개발되었다.

③ EDI의 3대 구성 요소는 EDI 표준(Standards), 문서(Document), 통신 네트워크(VAN)이다.

④ EDI 메시지들은 암호화되거나 해독될 수 있으며 E-Mail, 팩스와 함께 전자상거래의 한 형태다.

참고 파트01-챕터02-섹션04

14 다음 중 워드프로세서 인쇄 용어에 대한 설명으로 옳지 않은 것은?

① 하드 카피(Hard Copy) : 화면에 보이는 내용을 그대로 프린터에 인쇄하는 것을 말한다.

② 라인 피드(Line Feed) : 프린터 용지를 줄 단위로 밀어 올리는 기능이다.

③ 용지 넘김(Form Feed) : 프린터에서 다음 페이지의 맨 처음 위치까지 종이를 밀어 올리는 것을 말한다.

④ 프린터 드라이버(Printer Driver) : 워드프로세서의 산출된 출력 값을 특정 프린터 모델이 요구하는 형태로 번역해 주는 하드웨어를 말한다.

참고 파트01-챕터06-섹션04

15 다음 중 공문서 작성에 대한 설명으로 옳지 않은 것은?

① 시작 인사말은 본문에 간단히 기재한다.

② 전하고자 하는 내용은 간결하고 명확하게 본문에 작성한다.

③ 문서의 두문에 제목을 기재하여 문서의 성격을 파악할 수 있게 한다.

④ 문서에서 날짜 표기 시 연, 월, 일 글자를 생략하고 온점(.)을 찍어 표시할 수 있다.

참고 파트01-챕터01-섹션02

16 다음에 설명하는 워드프로세싱 용어는?

> 전반적인 규정이나 서식 설정, 메뉴 등 이미 가지고 있는 값으로 기본값 또는 표준값

① 옵션(Option)

② 디폴트(Default)

③ 색인(Index)

④ 마진(Margin)

참고 파트01-챕터02-섹션03

17 다음 중 맞춤법 검사(Spelling Check)에 대한 설명으로 옳지 않은 것은?

① 작성된 문서에서 내장된 사전과 비교하여 맞춤법에 어긋난 단어를 찾아주는 기능이다.
② 맞춤법, 표준말, 띄어쓰기, 기호나 수식의 오류를 검사한다.
③ 사전에 없는 단어는 사용자가 추가할 수 있다.
④ 자주 틀리는 단어를 자동으로 바꾸도록 지정할 수 있다.

참고 파트01-챕터06-섹션04

18 다음 중 공문서를 작성할 때 올바른 문장 작성법에 해당하지 않는 것은?

① 행정업무의 운영 및 혁신에 관한 규정에 따라 공문서는 한글 맞춤법에 맞게 가로로 작성한다.
② 숫자는 아라비아 숫자로 가로로 표기한다.
③ 문서는 쉽고 간결하게 되도록 한글로 작성한다.
④ 시각은 24시간제에 따라 숫자로 표기하되 시, 분의 글자는 생략하고 세미콜론(;)으로 표시한다.

참고 파트01-챕터06-섹션03

19 다음 중 전자문서에 대한 설명으로 옳지 않은 것은?

① 전자문서란 컴퓨터 등 정보처리 능력을 가진 장치에 의하여 전자적인 형태로 작성되어 송·수신 또는 저장된 문서를 말한다.
② 전자문서의 수신 시점은 수신자가 전자문서를 수신할 컴퓨터를 지정한 경우에는 지정된 컴퓨터에 입력된 때이다.
③ 전자문서는 검토자, 협조자 및 결재권자가 동시에 열람할 수는 없다.
④ 전자문서는 종이 보관의 이관 시기와 동일하게 전자적으로 이관한다.

참고 파트01-챕터06-섹션04

20 다음 중 문서의 발송에 대한 설명으로 옳지 않은 것은?

① 문서는 정보통신망을 이용하여 발신함을 원칙으로 한다.
② 문서는 접수과에서 발송하고 기안자가 전자이미지서명을 한다.
③ 전자문서인 경우 전자문서시스템 또는 업무관리시스템상에서 발송하여야 한다.
④ 전자문서는 행정기관의 홈페이지 또는 공무원의 공식 전자우편 주소를 이용하여 발송할 수 있다.

2과목 PC 운영체제

참고 파트02-챕터01-섹션02

21 다음 중 한글 Windows 10의 [시작]-[전원]의 기능이 아닌 것은?

① [절전]은 모니터와 하드 디스크를 최소 전력으로 켜놓은 상태로 키보드나 마우스 등의 사용자 반응에 의해 다시 켤 수 있는 상태
② [로그아웃]은 현재 실행 중인 앱 목록을 그대로 둔 채 다른 사용자로 로그인하는 상태
③ [시스템 종료]는 열려있는 모든 앱을 종료하고 컴퓨터의 전원을 안전하게 종료
④ [다시 시작]은 변경된 Windows 설정을 저장하고 메모리에 있는 모든 정보를 하드 디스크에 저장한 후 시스템을 다시 시작

참고 파트02-챕터04-섹션02

22 다음 중 한글 Windows 10의 [마우스 속성] 창에서 설정할 수 있는 항목으로 옳지 않은 것은?

① 마우스 포인터의 지정
② 포인터와 휠의 생성 및 삭제
③ 휠을 한 번 돌릴 때 스크롤할 양
④ 두 번 클릭의 속도

참고 파트02-챕터04-섹션01

23 다음 중 한글 Windows 10의 [접근성]에 대한 설명으로 옳지 않은 것은?

① [시작]-[설정]-[접근성]을 클릭한다.
② 로그인 후 돋보기를 사용하여 화면을 일부를 확대하여 표시할 수 있다.
③ 내레이터 시작을 하여 화면에 색 필터를 적용하여 사진 및 색을 쉽게 변경할 수 있다.
④ 고유 색을 사용하여 텍스트와 앱을 보기 쉽게 설정할 수 있다.

참고 파트02-챕터04-섹션03

24 다음 중 한글 Windows 10에서 [프로그램 및 기능] 창에 대한 설명으로 옳지 않은 것은?

① [프로그램 및 기능] 창에서 새로운 앱을 설치하거나 현재 설치된 앱을 제거 또는 변경할 수 있다.
② [설정]-[앱]-[앱 및 기능]에서 설치된 목록을 확인하고 수정할 수 있다.
③ 보기 형식을 아주 큰 아이콘, 큰 아이콘, 보통 아이콘, 작은 아이콘, 자세히 등으로 표시할 수 있다.
④ 자세히 보기에서 표시되는 이름, 게시자, 설치 날짜, 크기, 버전을 각각 클릭하여 오름차순이나 내림차순으로 정렬할 수 있다.

참고 파트02-챕터02-섹션02

25 다음 중 한글 Windows 10에서 [파일 탐색기] 창의 메뉴 이용 방법에 관한 설명으로 옳지 않은 것은?

① 선택한 파일이나 폴더의 속성을 보거나 바로 가기를 만들려면 [홈] 메뉴를 사용한다.
② 선택한 파일이나 폴더를 삭제하거나 이름 바꾸기를 하려면 [편집] 메뉴를 사용한다.
③ 아이콘 보기 형식을 변경하거나 정렬 기준을 변경하려면 [보기] 메뉴를 사용한다.
④ 네트워크 드라이브 연결이나 동기화를 하려면 [홈] 메뉴를 사용한다.

참고 파트02-챕터02-섹션03

26 다음 중 CMOS SETUP에 대한 설명으로 옳지 않은 것은?

① CMOS SETUP에서 컴퓨터의 부팅 순서를 변경해 준다.
② CMOS SETUP은 ROM의 일종으로 수정할 수 없다.
③ CMOS에서 하드 디스크의 타입, 주변 기기 장치 상태 등을 보여준다.
④ CMOS SETUP의 항목을 잘못 변경하면 부팅이 되지 않거나 사용 중에 에러가 발생하므로 주의한다.

참고 파트02-챕터01-섹션05

27 다음 중 한글 Windows 10에서 [연결 프로그램]에 관한 설명으로 옳지 않은 것은?

① 임의의 폴더에 있는 문서 파일에 대해 연결 프로그램을 지정하면 시스템이 시작될 때마다 자동으로 해당 연결 프로그램이 실행된다.
② 연결 프로그램이 지정되어 있지 않은 파일은 사용자가 지정할 수 있다.
③ 서로 다른 확장자를 갖는 파일들은 같은 연결 프로그램으로 지정할 수 있다.
④ 연결 프로그램은 사용자가 임의로 변경할 수 있다.

참고 파트02-챕터01-섹션05

28 다음 중 한글 Windows 10의 [작업 관리자] 창에서 할 수 있는 작업으로 옳지 않은 것은?

① 실행 중인 프린터 목록을 확인하고 중지할 수 있다.
② 현재 시스템 사용자를 확인하고 연결을 끊을 수 있다.
③ 현재 실행 중인 앱 작업에 대하여 강제로 끝내기를 할 수 있다.
④ 모든 사용자의 프로세스를 표시하거나 해당 프로세스의 끝내기를 할 수 있다.

참고 파트02-챕터02-섹션03

29 다음 중 한글 Windows 10의 파일의 복사와 이동에 대한 설명으로 옳지 않은 것은?

① 다른 디스크 드라이브에 있는 폴더로 파일을 이동할 경우에는 Shift 를 누른 상태에서 마우스로 이동할 위치에 드래그 앤 드롭한다.
② 같은 디스크 드라이브에 있는 다른 폴더로 파일을 이동할 경우에는 Ctrl 를 누른 상태에서 마우스로 이동할 위치에 드래그 앤 드롭한다.
③ Ctrl+X 를 누른 후 Ctrl+V 를 누르면 이동된다.
④ C드라이브의 파일이나 폴더를 선택하여 D드라이브에 드래그 앤 드롭하면 복사된다.

참고 파트02-챕터03-섹션02

30 다음 중 한글 Windows 10의 계산기 기능에 대한 설명으로 옳지 않은 것은?

① 표준 모드는 더하기, 빼기, 곱하기, 나누기 등의 사칙 연산을 한다.
② 공학용은 함수, 지수, 로그 등의 복합적인 수식에 유효자리 32자리까지 계산한다.
③ 프로그래머용은 2, 8, 10, 16진수 계산으로 유효자리 64자리까지 계산한다.
④ 날짜 계산은 두 날짜 간 차이, 일정 관리, 알람 관리를 할 수 있다.

참고 파트02-챕터04-섹션03

31 다음 중 한글 Windows 10에서 기본 앱에 대한 설명으로 옳지 않은 것은?

① 웹 브라우저나 전자 메일 작업 등에 사용할 기본 앱을 설정할 수 있다.
② 파일 형식별로 특정 앱을 선택하여 설정할 수 있다.
③ 파일의 위치별로 특정 앱을 선택하여 설정할 수 있다.
④ 프로토콜별 특정 앱을 선택하여 설정할 수 있다.

참고 파트02-챕터04-섹션01

32 다음 중 한글 Windows 10의 사용자 정보에 대한 설명으로 옳지 않은 것은?

① 표준 사용자 계정을 삭제하면 현재 바탕 화면의 모든 파일이 모두 지워진다.
② 관리자 계정은 파일을 추가 설치할 수 있다.
③ 관리자 로그인 정보가 없으면 자녀 보호 설정을 할 수 없다.
④ 전자 메일로 로그인 정보를 작성할 수 있다.

참고 파트02-챕터06-섹션02

33 다음 중 한글 Windows 10에서 프린터의 공유에 대한 설명으로 옳지 않은 것은?

① [장치 및 프린터]에서 해당 프린터를 찾아 더블 클릭하면 인쇄 관리 창이 표시된다.
② [프린터 추가]를 이용하여 네트워크상에서 공유되어 있는 프린터를 찾아 설치한다.
③ 공유된 프린터는 자동으로 기본 프린터로 설정된다.
④ 공유 프린터의 [속성] 창에서 [테스트 페이지 인쇄]를 선택하면 프린터 설치가 제대로 되어 있는지 확인할 수 있다.

참고 파트02-챕터05-섹션01

34 다음 중 한글 Windows 10에서 시스템 정보에서 알 수 있는 항목이 아닌 것은?

① 하드웨어 리소스
② 소프트웨어 환경
③ CMOS SETUP
④ 구성 요소

참고 파트02-챕터02-섹션01

35 다음 중 한글 Windows 10에서 [시작] 메뉴에 대한 설명으로 옳지 않은 것은?

① [시작] 단추를 누르면 현재 로그온한 사용자의 로고가 표시된다.
② 설치된 앱 목록이 알파벳 순서대로 표시된다.
③ [시작] 메뉴의 앱 목록은 사용자가 원하는 대로 추가하거나 삭제할 수 있다.
④ [시작] 메뉴의 바로 가기 메뉴에서 [시작 화면에 고정]을 선택하면 작업 표시줄에 순서대로 표시된다.

참고 파트02-챕터06-섹션02

36 다음 중 한글 Windows 10에서 공유 폴더에 관한 설명으로 옳지 않은 것은?

① 파일을 공유하려면 공유 폴더로 이동시키거나 해당 폴더에 대해 공유를 설정해야 한다.
② 공용 폴더는 현재 사용 중인 컴퓨터의 모든 사용자가 접근할 수 있는 폴더이다.
③ 고급 공유 설정에서 [파일 및 프린터 공유 켜기]를 선택해야 이 컴퓨터에서 사용자가 공유한 파일과 프린터에 접근할 수 있다.
④ 공유 폴더의 동시 사용자 수는 최대 50으로 지정할 수 있다.

참고 파트02-챕터06-섹션01

37 다음 중 IP 주소에 대한 설명으로 옳지 않은 것은?

① 인터넷상에서 구별되는 자신만의 고유한 숫자로 된 주소이다.
② IPv4는 32비트로 구성되었고 10진수 4자리 도트(.)로 구분된다.
③ IPv6는 128비트로 구성되었고 16진수 8자리 콜론(:)으로 구분된다.
④ IPv6의 Class A 영역을 사용하여 네트워크상의 모든 컴퓨터를 공유하여 사용할 수 있다.

참고 파트02-챕터05-섹션01

38 다음 한글 Windows 10의 보안 기능에 대한 설명 중 옳지 않은 것은?

① 사용자 계정 컨트롤 설정 변경 기능을 사용하면 유해한 프로그램이 사용자 모르게 소프트웨어를 설치하거나 변경하는 것을 방지할 수 있다.
② BitLocker 드라이브 암호화 기능을 사용하면 해당 드라이브에 저장된 모든 파일에 대한 무단 액세스를 방지할 수 있다.
③ Windows Defender 기능을 사용하면 스파이웨어뿐만 아니라 사용자 동의 없이 설치된 소프트웨어로부터 보호할 수 있다.
④ [컴퓨터 관리]의 [디스크 관리] 기능을 사용하면 해당 드라이브에 설치된 악성 소프트웨어를 삭제할 수 있다.

참고 파트02-챕터06-섹션03

39 다음 중 웹 브라우저인 크롬(Chrome)에 대한 설명으로 옳지 않은 것은?

① 세이프 브라우징으로 위험한 사이트로부터 선제적 보안을 설정한다.
② 기본 브라우저를 다른 브라우저로 변경할 수 있다.
③ 시크릿 모드에서는 타사 쿠키를 차단할 수 있다.
④ 개인정보에 대한 인터넷 방문 기록, 쿠키, 캐시 등을 한꺼번에 삭제할 수 있다.

참고 파트02-챕터06-섹션01

40 다음 중 한글 Winodws 10에서 인터넷을 사용하기 위하여 [인터넷 프로토콜(TCP/IP) 등록정보] 창에서 설정해야 하는 항목에 관한 설명으로 옳지 않은 것은?

① 서브넷 마스크 : IP 주소의 네트워크 ID 부분과 호스트 ID 부분을 구별하기 위하여 IP 패킷 수신자에게 허용하는 32비트의 값이다.
② DNS 서버 : 인터넷을 사용하는 경우에 홈페이지를 제공하는 컴퓨터의 32비트 주소이다.
③ 게이트웨이 : TCP/IP 네트워크 사이에서 IP 패킷을 라우팅하거나 전달할 수 있는 여러 개의 실제 TCP/IP 네트워크에 연결된 장치이다.
④ IP 주소 : 인터넷을 사용하는 네트워크에서 노드를 식별하는 데 사용하는 32비트 주소이다.

[참고] 파트03-챕터02-섹션01

41 다음에서 설명하는 장치는?

> – 기록된 문자를 광학적인 방법으로 읽어 들이는 장치
> – 공공요금 청구서에 사용

① 스캐너
② OMR
③ OCR
④ MICR

[참고] 파트03-챕터01-섹션02

42 다음 중 워크스테이션 컴퓨터에 대한 설명으로 옳지 않은 것은?

① 개인용 컴퓨터와 미니 컴퓨터의 중간 사양의 컴퓨터이다.
② 네트워크에서 서버(Server) 역할을 주로 담당한다.
③ 대부분 마이크로프로세서는 CISC를 사용한다.
④ 고성능 그래픽 처리나 공학용 시뮬레이션에 주로 사용한다.

[참고] 파트03-챕터05-섹션01

43 다음 중 정보사회의 컴퓨터 범죄의 유형으로 옳지 않은 것은?

① 소프트웨어나 웹 콘텐츠의 무단 복사나 사용
② 음란물 유통 및 사이트 운영
③ 컴퓨터 바이러스 백신의 제작
④ 개인 신용 정보 유출

[참고] 파트03-챕터02-섹션02

44 다음 중 소프트웨어 관련 용어에 대한 설명으로 옳지 않은 것은?

① 셰어웨어 : 기능이나 사용 기간 등에 제한을 두어 무료로 배포한 소프트웨어
② 프리웨어 : 개발자가 소스를 공개한 소프트웨어로 누구나 수정 및 배포
③ 알파버전 : 개발사 내에서 테스트를 목적으로 제작한 프로그램
④ 내그웨어 : 사용자에게 주기적으로 소프트웨어를 등록하도록 요구하는 소프트웨어

[참고] 파트03-챕터02-섹션02

45 다음에서 설명하는 것은?

> – 운영체제의 핵심으로 부팅 후 메모리에 상주하며 하드웨어를 보호하고 프로그램과 하드웨어 간의 인터페이스 역할을 담당
> – 프로세스 관리, 기억 장치 관리, 파일 관리, 입출력 관리, 프로세스 간 통신, 데이터 전송 및 변환의 기능

① 로더
② 커널
③ 프로세스
④ 쉘

[참고] 파트03-챕터04-섹션01

46 다음 중 정보통신을 위하여 사용되는 광섬유 케이블에 관한 설명으로 옳지 않은 것은?

① 대역폭이 넓어 데이터의 전송률이 우수하다.
② 리피터의 설치 간격을 좁게 설계하여야 한다.
③ 도청하기 어려워서 보안성이 우수하다.
④ 다른 유선 전송 매체와 비교하여 정보 전달의 안전성이 우수하다.

참고 파트03-챕터05-섹션02

47 다음에서 설명하는 것은?

– 컴퓨터 시스템을 감염시켜 접근을 제한시킴
– 특정 파일을 암호화하여 파일을 사용 불가능 상태로 만들어서 복구를 위해 돈을 요구하는 악성 소프트웨어

① 은닉 바이러스
② 논리 폭탄
③ 랜섬웨어
④ 스크립트 바이러스

참고 파트02-챕터06-섹션01

48 다음에서 설명하는 것은?

– 1개의 IP 네트워크 물리적 주소를 여러 개의 논리적 주소로 나누는 것
– 컴퓨터의 규모를 알리는 정보
– IP 주소와 결합하여 네트워크 주소와 호스트 주소를 구분하기 위하여 사용

① DNS
② 서브넷 마스크
③ 게이트웨이
④ DHCP

참고 파트03-챕터01-섹션01

49 다음 중 컴퓨터의 수치 데이터 표현에서 고정 소수점 방식과 비교하여 부동 소수점 방식의 특징으로 옳지 않은 것은?

① 연산 속도가 매우 빠르며 수의 표현 범위가 넓다.
② 부호, 지수부, 가수부로 구성되어 있다.
③ 소수점이 포함된 실수를 표현하는 데 사용한다.
④ 양수와 음수 모두 표현이 가능하다.

참고 파트03-챕터04-섹션02

50 다음에서 설명하는 용어는?

– 사이버 공간에서 상품과 서비스를 사고파는 행위
– 광고, 발주 등의 모든 활동을 포함하는 행위

① 인트라넷
② 엑스트라넷
③ 전자상거래
④ 전자적문서교환

참고 파트03-챕터07-섹션01

51 다음에서 설명하는 전자우편 프로토콜은?

– 전자우편을 위한 인터넷 표준 포맷
– 웹 브라우저가 지원하지 않는 화상이나 음성을 포함한 각종 멀티미디어 정보를 보낼 때의 표준 규격

① POP
② IMAP
③ SMPT
④ MIME

참고 파트03-챕터06-섹션01

52 다음에서 설명하는 것은?

– 언제 어디서나 자유롭게 네트워크를 통해 컴퓨터에 접속할 수 있는 환경
– 개별 물건에 초소형 전자태그가 삽입되어 있어 시간과 장소에 구애받지 않고 네트워크에 접속하여 사용

① 그리드 컴퓨팅(Grid Computing)
② 유비쿼터스 컴퓨팅(Ubiquitous Computing)
③ 클라우드 컴퓨팅(Cloud Computing)
④ 웨어러블 컴퓨팅(Wearable Computing)

참고 파트03-챕터04-섹션01

53 다음 중 광대역 종합 정보통신망(B-ISDN)에 대한 설명으로 옳은 것은?

① 빠른 전송 속도에 비해 사용료가 경제적이다.
② 비동기 전송 방식(ATM)을 기반으로 구축되며, 넓은 대역폭을 사용한다.
③ 자원 공유를 목적으로 학교, 연구소, 회사 등이 구내에서 사용하는 통신망이다.
④ 동축 케이블을 사용하여 문자, 음성, 고화질의 동영상까지 전송할 수 있는 통신망이다.

참고 파트03-챕터07-섹션03

54 다음 중 개인정보보호에 관한 설명으로 옳지 않은 것은?

① 개인정보처리자는 정보주체의 개인정보가 분실, 도난, 유출, 위조, 변조 또는 훼손되지 않도록 해야 한다.
② 기업은 개인정보보호를 시작하기 위해서 개인정보보호 전담자와 조직을 만들어야 한다.
③ 개인정보보호에 문제가 생겼을 때는 IT 부서 책임자나 최고보안책임자를 제외하고 경영자가 책임을 져야 한다.
④ 개인정보보호는 개인정보자기결정권이 철저히 보장될 수 있도록 하는 일련의 행위이다.

참고 파트03-챕터01-섹션02

55 다음 중 컴퓨터의 분류에 대한 설명으로 옳지 않은 것은?

① 범용 컴퓨터는 다양한 종류의 디지털 데이터에 대한 처리가 용이하다.
② 워크스테이션은 고성능 컴퓨터로 CISC 프로세서만을 사용한다.
③ 미니 컴퓨터는 마이크로 컴퓨터보다 처리 용량과 속도가 뛰어나다.
④ 하이브리드 컴퓨터는 디지털 컴퓨터와 아날로그 컴퓨터의 장점을 혼합한 형태이다.

참고 파트03-챕터02-섹션02

56 다음의 설명에서 괄호 안에 들어갈 용어를 순서대로 나열한 것은?

> 원시 프로그램은 (   )에 의해 컴퓨터가 처리할 수 있는 목적 프로그램으로 바꾸고, 목적 프로그램은 (   )에 의해 실행 가능한 코드로 바뀌며 (   )에 의해 메모리에 적재하여 실행 가능하도록 해준다.

① 인터프리터, 로더, 링커
② 인터프리터, 링커, 로더
③ 컴파일러, 링커, 로더
④ 컴파일러, 로더, 링커

참고 파트03-챕터05-섹션03

57 다음에서 설명하는 정보 보안 서비스는?

> - 권한이 없는 방식으로 변경하거나 파괴되지 않는 데이터의 특성
> - 정보의 내용이 전송 중에 수정되지 않고 전달되는 것을 의미하는 보안 기능

① 기밀성
② 무결성
③ 부인 방지
④ 가용성

참고 파트03-챕터03-섹션03

58 다음의 멀티미디어 콘텐츠 제작 도구 중 나머지와 다른 것은?

① 프리미어
② 포토샵
③ 일러스트레이터
④ 코렐드로우

참고 파트03-챕터04-섹션02

59 다음 중 웹 프로그래밍 언어에 대한 설명으로 알맞은 것은?

① 펄(Perl) : 문자 처리가 강력하고 이식성이 좋으며 주로 유닉스계의 운영 체계(OS)로 사용되고 있는 프로그램 언어이다.

② SGML : 하이퍼텍스트 생성 언어(HTML) 기능을 확장할 목적으로 월드 와이드 웹 컨소시엄(WWW Consorsium)에서 표준화한 페이지 기술 언어이다.

③ ODA : 대화식 단말기에서 교육 및 연구 목적으로 이용하는 연산을 간략하게 표현할 수 있도록 개발한 프로그래밍 언어이다.

④ APL : 문자나 도형, 화상 등이 섞여 있는 멀티미디어 문서를 이종(異種) 시스템 간에 상호 교환하기 위한 문서 구조와 인터페이스 언어이다.

참고 파트03-챕터06-섹션01

60 다음 중 모바일 기기의 기능에서 테더링(Tethering)에 관한 설명으로 옳은 것은?

① 기기에 내장된 카메라를 이용해 실제 사물이나 환경에 부가 정보를 표시하는 기술이다.

② 인터넷에 연결된 기기를 활용해 다른 기기에서 인터넷 접속을 가능하도록 하는 기술이다.

③ 인공위성 위치정보 신호를 수신하는 기술이다.

④ 근거리에서 데이터의 무선 통신을 가능하도록 해주는 기술이다.

빠른 정답 확인 QR
스마트폰으로 QR을 찍으면 정답표가 오픈됩니다.
기출문제를 편리하게 채점할 수 있습니다.

상시 기출문제
정답 & 해설

2024년 상시 기출문제 01회

01 ②	02 ④	03 ①	04 ③	05 ②
06 ①	07 ②	08 ②	09 ②	10 ③
11 ④	12 ③	13 ②	14 ④	15 ①
16 ③	17 ②	18 ①	19 ①	20 ①
21 ①	22 ③	23 ②	24 ④	25 ④
26 ③	27 ③	28 ④	29 ②	30 ③
31 ①	32 ④	33 ④	34 ③	35 ④
36 ②	37 ③	38 ③	39 ①	40 ③
41 ③	42 ③	43 ①	44 ④	45 ③
46 ①	47 ②	48 ③	49 ③	50 ③
51 ③	52 ①	53 ③	54 ②	55 ④
56 ①	57 ①	58 ①	59 ②	60 ①

2023년 상시 기출문제 01회

01 ③	02 ②	03 ①	04 ④	05 ③
06 ②	07 ③	08 ④	09 ②	10 ④
11 ④	12 ③	13 ①	14 ③	15 ④
16 ②	17 ②	18 ④	19 ②	20 ②
21 ①	22 ①	23 ③	24 ④	25 ②
26 ①	27 ①	28 ②	29 ④	30 ④
31 ④	32 ④	33 ③	34 ②	35 ①
36 ④	37 ③	38 ①	39 ①	40 ①
41 ②	42 ③	43 ③	44 ③	45 ②
46 ①	47 ④	48 ①	49 ①	50 ②
51 ①	52 ①	53 ①	54 ③	55 ②
56 ②	57 ①	58 ①	59 ③	60 ④

2024년 상시 기출문제 02회

01 ②	02 ④	03 ②	04 ④	05 ②
06 ③	07 ④	08 ②	09 ③	10 ②
11 ③	12 ③	13 ③	14 ④	15 ④
16 ④	17 ④	18 ④	19 ④	20 ①
21 ②	22 ②	23 ②	24 ④	25 ②
26 ④	27 ②	28 ③	29 ④	30 ②
31 ③	32 ③	33 ①	34 ③	35 ①
36 ④	37 ②	38 ④	39 ④	40 ④
41 ④	42 ③	43 ②	44 ②	45 ③
46 ④	47 ③	48 ④	49 ①	50 ④
51 ②	52 ③	53 ①	54 ②	55 ①
56 ②	57 ②	58 ③	59 ①	60 ④

2023년 상시 기출문제 02회

01 ②	02 ④	03 ③	04 ①	05 ②
06 ③	07 ④	08 ③	09 ④	10 ②
11 ④	12 ④	13 ③	14 ④	15 ③
16 ②	17 ②	18 ④	19 ③	20 ②
21 ②	22 ②	23 ③	24 ①	25 ②
26 ②	27 ①	28 ①	29 ②	30 ④
31 ③	32 ①	33 ③	34 ③	35 ④
36 ④	37 ④	38 ④	39 ②	40 ②
41 ③	42 ③	43 ③	44 ②	45 ②
46 ②	47 ③	48 ②	49 ①	50 ③
51 ④	52 ②	53 ②	54 ③	55 ②
56 ③	57 ②	58 ①	59 ①	60 ②

2024년 상시 기출문제 03회

01 ④	02 ②	03 ④	04 ④	05 ②
06 ③	07 ①	08 ①	09 ①	10 ②
11 ③	12 ③	13 ①	14 ③	15 ④
16 ③	17 ①	18 ③	19 ①	20 ②
21 ①	22 ④	23 ①	24 ③	25 ②
26 ④	27 ④	28 ①	29 ②	30 ①
31 ④	32 ①	33 ①	34 ①	35 ④
36 ①	37 ②	38 ④	39 ①	40 ④
41 ③	42 ③	43 ③	44 ①	45 ①
46 ③	47 ③	48 ③	49 ③	50 ②
51 ①	52 ④	53 ③	54 ③	55 ①
56 ②	57 ④	58 ④	59 ④	60 ③

2024년 상시 기출문제 01회

2-32p

01 ②	02 ④	03 ①	04 ③	05 ②
06 ①	07 ②	08 ②	09 ②	10 ③
11 ④	12 ③	13 ②	14 ④	15 ①
16 ③	17 ②	18 ①	19 ①	20 ①
21 ①	22 ③	23 ②	24 ④	25 ④
26 ③	27 ④	28 ④	29 ②	30 ③
31 ①	32 ④	33 ④	34 ③	35 ④
36 ②	37 ③	38 ③	39 ①	40 ③
41 ①	42 ③	43 ①	44 ④	45 ③
46 ②	47 ③	48 ③	49 ④	50 ③
51 ③	52 ①	53 ③	54 ②	55 ④
56 ①	57 ①	58 ①	59 ②	60 ①

1과목 워드프로세싱 용어 및 기능

01 ②
암호를 지정할 수 있으나 암호를 모를 경우 불러오기를 할 수 없다.

02 ④
화면의 확대가 인쇄물의 결과에는 영향을 주지 않는다.

03 ①
서식의 중간에서 끝났을 때 마지막 자의 다음 칸에 '이하 빈칸'을 표시한다.

04 ③
표의 내용은 맞춤법 검사할 수 있으나, 화학식이나 수식의 오류는 검사할 수 없다.

05 ②
공문서는 한글 맞춤법에 따라 가로로 작성한다.

06 ①
• 행두 금칙 문자 : 행의 처음에 올 수 없는 문자(. ' " ? !)] } 〉 ℃)
• 행말 금칙 문자 : 행의 마지막에 올 수 없는 문자(' " ([{ 〈 # $ ☎)

07 ②
교정할 부호가 겹칠 경우 겹치는 각도를 크게 하여 교정 내용을 알아볼 수 있게 한다.

08 ②
오답 피하기
• 초크(Choke) : 이미지의 변형 작업, 입출력 파일 포맷, 채도, 명암도 등을 조절
• 모핑(Morphing) : 두 개의 이미지를 부드럽게 연결하여 변환하는 기법
• 리터칭(Retouching) : 기존의 이미지를 다른 형태로 새롭게 변형·수정하는 작업

09 ②
오답 피하기
• 지역별 분류법 : 거래처의 지역이나 범위에 따라 가나다순으로 정리
• 명칭별 분류법 : 거래자나 거래 회사명에 따라 이름의 첫머리 글자를 기준으로 가나다순 혹은 알파벳순으로 분류
• 번호식 분류법 : 문서가 일정량 모이면 개별 폴더에 넣어 숫자를 지정하여 정리

10 ③
센터링(Centering)은 문서의 가운데를 기준으로 좌우로 정렬되어 있는 상태이다.

11 ④
• ① : 찾기 기능은 대·소문자를 구별하여 찾기 가능
• ② : 찾기의 방향은 현재 커서 아래쪽으로 또는 위쪽으로 문서 전체에 대해 찾기 가능
• ③ : 찾기 기능에서 띄어쓰기를 무시하고 내용을 찾을 수 있음

12 ③
간인은 하나의 서류가 2장 이상으로 서로 이어졌다는 것을 확인하기 위해 앞장의 뒷면과 뒷장의 앞면에 걸쳐 도장을 찍는 것을 의미한다.

13 ②
오답 피하기
• ① : 개행(Turnover)은 본문의 아무 곳이나 Enter 를 눌러 강제로 행을 나누는 기능
• ③ : 매크로(Macro)는 사용자가 입력하는 일련의 키보드 조작 순서를 기억했다가 그대로 재생하는 기능
• ④ : 문자 피치(Pitch)는 문자와 문자 사이의 간격으로, 피치가 클수록 문자 사이의 간격이 좁아짐

14 ④
공통으로 사용되는 문서는 공통 문서함에 보관하지만, 개인별로 작성된 전자문서는 자신의 문서를 관리할 수 있는 개인 문서함에 보관한다.

15 ①
결재의 종류
• 선결 : 일반적인 형태로 먼저 결재하는 것
• 전결 : 결재권을 위임받은 자가 결재
• 대결 : 직무를 대리하는 자가 대신 결재
• 사후 보고 : 중요한 문서는 결재권자에게 사후에 보고

16 ③
③은 메일 머지 기능에 대한 설명이다.
오답 피하기
매크로는 자주 사용되는 반복적인 키보드 동작을 단축키로 저장하였다가 필요할 때 단축키를 눌러 쉽고 빠르게 작업할 수 있는 기능이다.

17 ②
매크로는 사용자가 입력하는 일련의 키보드 조작 순서를 기억했다가 그대로 재생하는 기능이다.

18 ①

더블클릭하면 단어가 선택되고, 세 번 빠르게 클릭하면 한 줄 전체 범위가 지정된다.

19 ①

⌒⌒는 자리 바꾸기이다.

20 ①

복사, 잘라내기(이동) 모두 필요한 부분의 영역을 지정해야 한다.

2과목 PC 운영체제

21 ①

바로 가기 아이콘은 하나의 응용 앱에 대해 여러 개 만들 수 있다.

22 ③

﹡을 누르면 현재 폴더의 모든 하위 폴더가 확장되어 표시된다.

23 ②

윈도우에서 기본적으로 사용할 프로그램을 선택하는 기본 프로그램은 기본 프로그램 설정, 파일 형식 또는 프로토콜을 프로그램과 연결, 자동 재생 설정 변경, 컴퓨터의 기본 프로그램 설정으로 구성된다.

24 ④

작업 표시줄의 크기는 마우스로 드래그 앤 드롭하여 화면의 1/2까지 조절할 수 있다.

25 ④

작업 표시줄의 [찾기] 창에서는 수정한 날짜나 크기의 속성 검색은 할 수 없고, 파일 탐색기의 [검색] 메뉴에서 수정한 날짜, 크기, 종류 등으로 검색할 수 있다.

26 ③

공유 프린터도 기본 프린터로 설정할 수 있다.

27 ③

임시 인터넷 파일, 휴지통 파일 등 불필요한 파일을 검색하여 삭제하는 것은 [디스크 정리]이다.

28 ④

이미지 뷰어 앱은 이미지를 표시하는 응용 앱으로 네트워크 연결과는 무관하다.

29 ②

[휴지통]의 속성 창에서 휴지통의 크기, 사용 가능한 공간을 확인하며, 복원은 삭제한 원래 위치로만 복원되고 다른 위치로 이동하여 사용할 수 있다.

30 ③

[작업 관리자]-[프로세스] 탭에 실행 중인 응용 프로그램의 목록이 표시되며, 특정 작업을 선택하여 [작업 끝내기]를 실행한다.

31 ①

캡처한 화면은 HTML, PNG, GIF, JPG 형식의 파일로 저장할 수 있으나 편집할 수 없다.

32 ④

플러그 앤 플레이(Plug&Play)는 새로운 하드웨어의 자동 감지 기능으로 소프트웨어적인 오류를 복구할 수 없다.

33 ④

암호화된 압축 파일을 전송할 경우 시간이나 비용이 감소된다.

34 ③

파일 압축과 복원 앱의 종류에는 알집, 윈라(WinRAR), PKZIP, 빵집, 다집, 반디집 등이 있다.

오답 피하기
- 파일 송수신 FTP 프로그램의 종류 : 알FTP, CuteFTP, 파일질라 등
- 이미지 뷰어 프로그램의 종류 : 포토뷰어, 알씨, ACDSee 등
- 바이러스 체크 및 백신 프로그램의 종류 : V3, 알약, 바이로봇 등

35 ④

모든 파일과 하위 폴더를 한꺼번에 선택하려면 Ctrl + A 를 사용한다.

36 ②

서브넷 마스크는 네트워크 아이디와 호스트 아이디를 구별하기 위한 주소로 컴퓨터의 규모를 알려주며 32비트로 구성된다.

37 ③

프린터의 추가 설치 순서
① [제어판]의 [장치 및 프린터] 창에서 [프린터 추가]를 클릭
② 로컬 프린터인지, 네트워크 프린터인지를 선택
③ 프린터에 사용할 포트를 결정
④ 프린터 제조업체와 모델을 선택
⑤ 프린터 이름 입력
⑥ 공유 여부를 선택
⑦ 기본 프린터 설정 여부와 테스트 페이지를 선택하고 완료

38 ③

오답 피하기
- ① : Install은 앱을 설치할 때 사용
- ② : 단축 아이콘(바로 가기 아이콘)은 실행 앱의 복사본으로 삭제해도 앱이 남아 있음
- ④ : 폴더를 삭제해도 앱이 모두 삭제되는 것은 아님

39 ①

네트워크 드라이브 연결은 파일 탐색기에서 [내 PC]를 선택한 후 [컴퓨터] 메뉴의 [네트워크 드라이브 연결]에서 연결할 드라이브를 선택한다.

40 ③

[공유 폴더]에서 공유 폴더의 이름과 경로, 종류 등을 확인할 수 있고, 공유 설정은 폴더의 바로 가기 메뉴의 [공유] 탭에서 설정한다.

41 ③
바이오스(BIOS) 프로그램은 ROM에 저장되어 있다.

42 ③
프로토콜이 데이터의 전송 도중 오류의 수정은 할 수 없다.

43 ①

오답 피하기
- 외부 인터럽트 : 전원 오류, 입출력 요구, 기계 착오
- 내부 인터럽트 : 명령어에 불법 연산자 사용, 0으로 나누기 실행, 오버플로 (Overflow) 발생 등
- 소프트웨어 인터럽트 : 프로그램 내에 특정한 요구에 대한 명령, SVC 명령 수행 시 발생

44 ④
④는 주기억 장치의 역할이다.

45 ③

오답 피하기
- 가상 메모리 : 소프트웨어적 방법으로 보조 기억 장치의 일부를 주기억 장치처럼 사용할 수 있게 하여 주기억 장치의 용량을 확대하여 사용하는 메모리
- 버퍼 메모리 : 컴퓨터의 처리 과정에서 프로그램이나 데이터의 일부를 저장하는 데 사용되는 임시 기억 장치
- 플래시 메모리 : 전원 공급이 중단되어도 내용은 사라지지 않고 내용 변경이 가능한 EEPROM으로 최근에는 BIOS를 저장하는 용도로 많이 사용

46 ②

오답 피하기
- SSO(Single Sign On) : 하나의 아이디로 여러 사이트를 이용할 수 있는 시스템
- RSS(Rich Site Summary) : 업데이트가 빈번한 웹 사이트의 정보를 사용자에게 보다 쉽게 제공하는 서비스
- 가상현실(Virtual Reality) : 어떤 특정한 환경이나 상황을 컴퓨터로 만들어서, 그것을 사용하는 사람이 마치 실제 주변 상황의 환경과 상호작용을 하고 있는 것처럼 만들어 주는 시스템

47 ③
GIF는 인터넷 표준 형식으로 256가지의 색을 표현할 수 있고 애니메이션도 표현할 수 있다.

오답 피하기
- TIF : DTP에서 사용하는 파일 교환을 목적으로 개발
- PNG : 투명한 배경의 이미지를 만들 수 있고 다양한 컬러 모드와 고해상도의 이미지를 표현
- JPG : 정지 영상을 표현하는 국제 표준 파일 형식

48 ③
실린더(Cylinder)는 디스크의 중심축으로부터 동일한 거리에 위치하는 트랙들의 모임이다.

오답 피하기
- 섹터(Sector) : 한 개의 동심원을 같은 길이로 분할한 구역으로 데이터를 기록하는 단위
- 클러스터(Cluster) : 하드 디스크에서 파일을 저장하는 논리적인 단위
- 폴더(Folder) : 관련 있는 파일을 보관하는 곳

49 ④
MIME는 전자우편으로 화상이나 음성을 포함한 멀티미디어 정보를 보낼 때 사용하는 프로토콜이다.

50 ③

오답 피하기
- 누산기 : 산술 및 논리 연산의 결과를 일시적으로 기억하는 레지스터
- 가산기 : 2개 이상의 수를 입력하여 이들의 합을 출력하는 논리 회로 또는 장치
- 상태 레지스터 : 연산 실행 결과와 양수, 음수, 자리 올림, 오버플로, 인터럽트 등의 상태를 기억하는 레지스터
- 인덱스 레지스터 : 색인 주소 지정에 사용되는 레지스터

51 ③
아주 큰 수나 작은 수를 표현하는 것은 부동 소수점 표현이다.

52 ①

오답 피하기
- ASP : 마이크로소프트사에서 제작한 언어로 웹 서버에서 분석되어 실행된 후에 클라이언트 쪽으로 실행 결과만을 전달하는 언어
- JSP : 자바로 만들어진 서버 스크립트 언어
- VRML : 인터넷 문서에서 3차원 공간을 표현할 수 있는 텍스트 파일 언어

53 ③

오답 피하기
- 응용 계층 : OSI 7계층으로 사용자의 위치에서 응용 프로그램의 실행을 담당
- 표현 계층 : OSI 6계층으로 데이터의 표현 형식을 표준화하고 암호화와 압축 등을 수행
- 전송 계층 : OSI 4계층으로 네트워크 종단 시스템 사이의 신뢰성 있는 데이터 전송을 담당

54 ②

오답 피하기
- 일반적 정보 : 이름, 주민등록번호, 주소, 전화번호 등
- 정신적 정보 : 종교, 노조가입 여부, 소비성향 등
- 사회적 정보 : 학력, 성적, 상벌기록, 직무평가기록 등

55 ④
도시를 연결하는 망은 MAN이고, 국가를 연결하는 망은 WAN 광역통신망이다.

56 ①

- ② : 가상 메모리
- ③ : 연상(연관) 메모리
- ④ : ROM(Read Only Memory)

57 ①

캐시 항목은 CPU의 처리 속도를 향상시키는 것으로 메모리 인식과 관계없다.

58 ①

스푸핑(Spoofing)은 악의적인 목적으로 웹 사이트를 구축해 방문을 유도한 다음 정보를 빼가는 행위이다.

- 스니핑(Sniffing) : 네트워크 주변을 지나다니는 패킷을 엿보면서 계정과 패스워드를 알아내기 위한 행위
- 세션 하이재킹(Session Hijacking) : 로그인된 상태를 가로채는 행위
- 크래킹(Cracking) : 권한이 없는 사용자가 불법적인 접근을 하여 데이터를 파괴하는 행위

59 ②

테더링(Tethering)은 휴대폰을 모뎀으로 활용할 수 있는 기능으로, 노트북과 같은 IT 기기를 휴대폰에 연결하여 무선 인터넷을 사용할 수 있다.

- 증강현실(AR) : 기기에 내장된 카메라를 이용해 실제 사물이나 환경에 부가 정보를 표시하는 기술
- GPS : 인공위성 위치정보 신호를 수신하는 기술
- 블루투스(Bluetooth) : 근거리에서 데이터의 무선 통신을 가능하도록 해주는 기술

60 ①

- RFID(Radio-Frequency IDentification) : 전자태그 기술로, 무선 주파수를 이용해 빛을 전파하여 먼 거리의 태그도 읽고 정보를 수신할 수 있음
- I-PIN(아이핀) : 인터넷상에서 주민등록번호를 도용하여 발생하는 범죄를 방지하기 위해 만든 인터넷 신원확인번호
- Mirroring(미러링) : 해킹이나 장비 고장 등의 사고가 발생했을 때 데이터가 손실되는 것을 막기 위해서 데이터를 하나 이상의 장치에 중복하여 저장하는 것

2-42p

2024년 상시 기출문제 02회

01 ②	02 ④	03 ②	04 ④	05 ②
06 ③	07 ④	08 ②	09 ③	10 ②
11 ③	12 ③	13 ③	14 ④	15 ④
16 ④	17 ④	18 ④	19 ④	20 ①
21 ②	22 ②	23 ②	24 ④	25 ②
26 ④	27 ②	28 ④	29 ④	30 ④
31 ②	32 ③	33 ①	34 ③	35 ①
36 ④	37 ②	38 ④	39 ④	40 ④
41 ④	42 ③	43 ②	44 ②	45 ②
46 ④	47 ④	48 ④	49 ①	50 ④
51 ②	52 ③	53 ①	54 ②	55 ①
56 ②	57 ②	58 ③	59 ①	60 ④

1과목 워드프로세싱 용어 및 기능

01 ②

워드프로세서의 저장 형식에는 텍스트 문서, 서식 문서, 플래시 문서, PDF, JPG 등의 이미지 문서가 있으나, 포토샵이나 동영상 파일 형식으로는 저장할 수 없다.

02 ④

- ① : 특정 영역만 범위를 지정한 후 한자로 변경 가능
- ② : 한글/한자 음절 변환, 단어 변환, 문장 자동 변환(한자 음을 아는 경우)
- ③ : 부수/총 획수 입력, 외자 입력, 2Stroke 입력(한자 음을 모르는 경우)

03 ②

- 미주(Endnote) : 문서의 보충 구절을 표시하되 문서의 맨 마지막 페이지에 모아서 표시
- 문단(Paragraph) : 문서 입력 중 Enter 로 구분되며, 한 페이지는 한 개 이상의 문단으로 구성
- 클립아트(Clip Art) : 문서를 만들 때 편리하게 사용할 수 있도록 미리 만들어 저장해 놓은 여러 가지 그림

04 ④

파일로 인쇄는 종이로 인쇄하지 않고 *.prn 형식의 파일로 저장된다.

05 ②

비트맵 글꼴은 확대하면 계단 모양으로 표시된다.

06 ③

전자이미지관인의 인영은 컴퓨터 등 정보 처리 능력을 가진 장치로 처리과의 기안자가 찍는 작업이다.

07 ④

- 제목 표시줄 : 창의 위쪽에 위치하며, 파일명, 제어상자, 빠른 실행 도구 모음, 창 조절 단추를 표시하는 곳
- 스크롤(Scroll) : 문서를 작성할 때 화면을 상·하·좌·우로 이동하는 기능
- 상태 표시줄 : 커서가 있는 쪽 번호, 커서 위치, 삽입 또는 수정 상태, 자판의 종류 등의 정보를 표시

08 ②

공문서 항목 구분
- 첫째 항목 : 1. 2. 3. …
- 둘째 항목 : 가. 나. 다. …
- 셋째 항목 : 1) 2) 3) …
- 넷째 항목 : 가) 나) 다) …
- 다섯째 항목 : (1) (2) (3) …
- 여섯째 항목 : (가) (나) (다) …
- 일곱째 항목 : ① ② ③ …
- 여덟째 항목 : ㉠ ㉡ ㉢ …

09 ③

문서과에서 직접 받은 문서는 지체 없이 처리과에 배부하여 접수한다.

10 ②

넘어지지 일어서는 것,
경계치 않는 것이 아니라 넘어질 때마다
거기에 삶의 가장 큰 존재 영광이 존재한다.

11 ③

우리나라는 공문서가 수신자에게 도달된 때 효력이 발생하는 도달주의를 채택하고 있다.

12 ③

메일 머지에 사용하는 자료(데이터) 종류로는 주소록, Outlook 주소록, 한글 파일, 한셀/엑셀 파일, DBF 파일이 있다.

13 ③
- 행두 금칙(행의 처음에 올 수 없는 문자) : . , ' " ? !)] } 〉》! : ; 」」〉〉℉ ℃
- 행말 금칙(행의 마지막에 올 수 없는 문자) : ' " ([{ 〈 # $ ☎ : 「「〈《№

14 ④

머리말에 숫자, 문자, 그림, 표 모두 입력이 가능하다.

15 ④

한 번 정렬된 내용도 오름차순이나 내림차순으로 재배열할 수 있다.

16 ④

하이퍼링크(Hyperlink)는 문서의 특정한 위치에 현재 문서나 다른 문서의 웹 페이지, 전자우편 주소 등을 연결하여 참조하거나 이동하는 기능이다.

- 위지윅(WYSIWYG; What You See Is What You Get, 보는 대로 얻는다) : 문서 편집 과정에서 화면에 표시된 대로 출력물이 나오는 방식
- OLE(Object Linking&Embedding) : 응용 앱 간의 개체 연결 및 포함으로 자료를 공유하는 방식
- EDI(Electronic Data Interchange) : 네트워크를 통한 업무 문서의 전자 표준교환시스템

17 ④

문서의 분류는 문서 분류법에 따라 문서를 나누는 작업을 말한다.

18 ④
- ✓ : 수정
- ⌐ : 내어쓰기

- ① : ✓ (사이 띄우기), ⌒ (붙이기)
- ② : ⌣ (삽입), ✗ (삭제)
- ③ : ⌐ (줄 바꾸기), ⌒ (줄 잇기)

19 ④

바꾸기는 검색할 방향을 아래쪽, 위쪽, 문서 전체로 지정할 수 있다.

20 ①

- 렌더링(Rendering) : 2차원의 이미지에 광원, 위치, 색상 등을 첨가하고, 사실감을 불어넣어 3차원적인 입체감을 갖는 화상을 만드는 작업
- 리터칭(Retouching) : 기존의 이미지를 다른 형태로 새롭게 변형·수정하는 작업
- 필터링(Filtering) : 작성된 이미지를 필터 기능을 이용하여 여러 가지 형태의 새로운 이미지로 탈바꿈해 주는 기능

2과목 PC 운영체제

21 ②

CON, PRN, AUX, NUL은 시스템에 예약된 단어로 파일명으로 사용할 수 없고 확장자로는 사용할 수 있다.

22 ②

삭제한 폴더의 복원은 휴지통에서 가능하다.

23 ②

Windows Media Player는 미디어 파일을 재생하고 설정하는 기능으로 mp3, midi, avi 등의 파일을 지원하며, xlsx, hwp, doc 등의 파일 형식은 열 수 없다.

24 ④

저장된 이미지를 이용하여 동영상으로 편집이 가능하다.

25 ②

네트워크 기능 유형에는 클라이언트, 서비스, 프로토콜이 있다.

26 ④

'시스템 이미지 만들기'는 현재 설치된 윈도우를 실행하는 데 필요한 드라이브의 복사본을 만드는 기능으로 [제어판]-[백업 및 복원]-[시스템 이미지 만들기]에서 백업을 저장할 위치를 선택하여 만들기 하면 된다.

27 ②

- 내 PC나 파일 탐색기 창에서 [Alt] + [H], [R]을 차례로 누르고, 새 이름을 입력한 후 [Enter]를 누르기
- [F2]를 누르고, 새 이름을 입력한 후 [Enter]를 누르기
- 내 PC나 파일 탐색기 창에서 [홈] 리본 메뉴의 [이름 바꾸기]를 선택하고, 새 이름을 입력한 후 [Enter]를 누르기

28 ③

마우스로 [시작] 메뉴의 앱 목록의 크기를 조절할 수 없다.

29 ④

[디스크 조각 모음 및 최적화]는 디스크의 액세스 속도를 향상시킨다. 디스크 용량을 증가하려면 [디스크 정리]를 실행한다.

30 ②

바로 가기 아이콘을 작성할 항목을 [Ctrl] + [Shift]를 누른 채 드래그 앤 드롭하여 바로 가기 아이콘을 만든다.

31 ③

화면 보호기는 1~9999의 분 단위로 설정할 수 있다.

32 ③

폴더에는 [자세히] 탭이 없고, 파일 속성 창의 [자세히] 탭에서는 프로그램 이름, 만든 날짜, 유형, 크기 등을 확인할 수 있다.

33 ①

디스크 공간이 부족할 경우에는 [디스크 정리] 등으로 불필요한 파일을 제거해야 하며, 메모리 공간이 부족할 경우에는 불필요한 응용 앱을 종료해야 한다.

34 ③

그림판에서는 레이어 기능을 사용할 수 없다.

35 ①

날짜 계산은 시작 날짜와 종료일 간의 차이, 일 합산 또는 빼기의 기능이 있다.

36 ④

클립보드의 데이터를 지우려면 [설정]의 [시스템]-[클립보드]에서 [지우기]를 클릭한다.

37 ②

어댑터는 컴퓨터를 네트워크에 물리적으로 연결하는 하드웨어 장치이다.

프로토콜은 컴퓨터가 네트워크에 있는 자원을 액세스할 수 있게 해주는 통신 규약이다.

38 ④

[제어판]의 [프로그램 및 기능]에서는 응용 프로그램의 표시, 제거, 변경, 복구를 할 수 있다.

39 ④

디바이스 장치의 제거는 디바이스의 바로 가기 메뉴나 속성에서 할 수 있다.

40 ④

PC의 잠금화면 설정은 [설정]-[개인 설정]-[잠금 화면]에서 변경 가능하다.

3과목 PC 기본상식

41 ④

정보 보안 요건
- 기밀성 : 데이터를 제3자가 읽지 못하도록 비밀성을 유지
- 무결성 : 데이터에 결점이 없도록 보호
- 가용성 : 인가된 사용자에게는 언제든지 사용 가능하게 함
- 인증 : 시스템에 접근하는 사용자의 신원을 확인하는 절차
- 부인 방지 : 송 · 수신 여부를 확인하여 송 · 수신 사실을 부인하는 것을 방지

42 ③

화면 보호기는 모니터를 보호하기 위한 프로그램이다.

43 ②

다중 프로그램의 도입은 2세대 컴퓨터의 특징이다.

44 ②

명령어 처리 상태에는 인출 상태, 간접 상태, 실행 상태, 인터럽트 상태가 있으며, 지문은 간접 상태에 대한 설명이다.

- 인출 상태 : 하나의 데이터를 기억 장치로부터 읽어 들여 명령어 레지스터(IR)에 저장
- 실행 상태 : 구한 유효 번지에서 자료를 읽어 들여 해당 명령을 수행
- 인터럽트 상태 : 예기치 못한 일이 발생했을 경우 현재 실행 중인 프로그램을 일시 정지하고 인터럽트 처리 루틴에 의해 일을 처리한 후 복귀하여 원래의 프로그램을 계속 수행

45 ②

EEPROM은 전기적인 방법을 이용하여 여러 번 변경이 가능한 ROM으로, BIOS, MP3 플레이어 등의 플래시 메모리로 사용한다.

- SSD : 보조 기억 장치
- RAM : 휘발성 메모리로, 처리 속도에 따라 SDRAM, RDRAM, DDR SDRAM으로 구분

46 ④

공개키 암호화 기법은 비밀키 암호화 기법에 비해 속도가 느리다.

47 ③

클라우드 컴퓨팅(Cloud Computing)은 인터넷과 연결된 중앙 컴퓨터에 소프트웨어와 데이터를 저장하여 두었다가 인터넷에 접속하면 언제 어디서든지 데이터를 이용할 수 있는 서비스이다.

오답 피하기
- 모바일 컴퓨팅(Mobile Computing) : 휴대용 PC 등을 이용하여 외부에서 다니면서 손쉽게 컴퓨터를 사용하는 환경
- 분산 컴퓨팅(Distributed Computing) : 이기종 컴퓨터 간에 응용 프로그램을 분산하여 처리하는 환경
- 그리드 컴퓨팅(Grid Computing) : 모든 컴퓨터 기기를 하나의 초고속 네트워크로 연결하여 컴퓨터의 계산 능력을 극대화한 차세대 디지털 신경망 서비스 환경

48 ④

응용 계층 프로토콜에는 FTP, HTTP, TELNET, DNS 등이 있다. RS-232C는 단말장치(DTE)와 회선종단장치(DCE)를 상호 접속하기 위한 물리 계층의 프로토콜이다.

49 ①

가상 기억 장치는 소프트웨어적인 방법으로 실제로 존재하지 않는 기억 공간을 존재하는 것처럼 보이게 하여 사용하는 장치이다.

오답 피하기
연관(연상) 기억 장치는 기억 장치에 기억된 내용을 찾을 때 주소를 사용하지 않고 기억된 데이터의 내용을 이용하여 원하는 정보에 접근하는 방식이다.

50 ④

숨은 참조(Bcc)는 함께 받을 참조자의 전자우편 주소로 받는 사람에게 표시되지 않는다.

51 ②

라우터는 네트워크 계층에서 작동되며 가장 최적의 경로를 설정하여 전송하는 장비이다.

오답 피하기
- ① : 허브(Hub)
- ③ : 게이트웨이(Gateway)
- ④ : 리피터(Repeater)

52 ③

문자, 그림, 소리 등의 데이터는 디지털 데이터 방식으로 변환하여 통합 처리한다.

53 ①

- 플로팅 앱(Floating App) : 스마트 기기의 멀티미디어 관련 애플리케이션 실행 시에 영상 화면을 오버레이의 팝업창 형태로 분리하여 실행하는 기능
- 지그비(Zigbee) : 저속 전송 속도를 갖는 홈 오토메이션 및 데이터 전송을 위한 표준 기술

54 ②

- HCI(Human-Computer Interaction) : 과학과 인문학 사이의 인터페이스로 인간과 컴퓨터 사이의 상호작용에 관한 연구를 하는 분야
- AR(Augmented Reality; 증강현실) : 사용자가 눈으로 보는 현실세계에 가상 물체를 겹쳐 보여주는 기술

오답 피하기
- CISC(Complex Instruction Set Computer) : 명령어가 많고 회로 구조가 복잡하며 가격이 비싼 마이크로프로세서 설계 방식
- CAI(Computer Assisted Instruction) : 컴퓨터로 지원받는 컴퓨터 학습
- VCS(Video Conferencing System) : 화상 회의 시스템
- VR(Virtual Reality) : 컴퓨터로 만든 가상의 세계

55 ①

ⓑ은 저작자 표시(BY)로 저작자와 출처 등을 표시하면 영리 목적으로 이용할 수 있고, 저작물의 변경 및 2차적 저작물의 작성을 포함한 자유 이용을 허락한다는 의미이다(BY; Attribution).

56 ②

오답 피하기
- 로토스코핑(Rotoscoping) : 촬영한 영상을 애니메이션 키 프레임으로 바꿔 그 위에 덧붙여 그리는 기법
- 메조틴트(Mezzotint) : 이미지에 무수히 많은 점을 찍은 듯한 효과로 부드러운 명암을 다양하게 표현하는 기법
- 인터레이싱(Interlacing) : 이미지가 처음에는 거친 모자이크 형식으로 나타나다가 서서히 선명해지는 기법

57 ②

IPv6는 128비트로 16진수 8자리로 표시하고, IPv4는 32비트로 10진수 4자리로 표시한다. IPv6에는 클래스 구분이 없고, IPv4는 A~E 클래스까지 있다.

58 ③

- 세션 계층 : 송·수신 프로세스 간에 대화를 설정하고 그 사이의 동기를 제공
- 표현 계층 : 데이터 표현 형식을 표준화하고 암호화와 데이터 압축을 수행

59 ①

오답 피하기
- ② : 개인에 대한 간접적인 정보도 개인정보에 해당함
- ③ : 개인정보 자기결정권은 자신에 관한 정보를 보호받기 위하여 자신에 관한 정보를 자율적으로 결정하고 관리할 수 있는 권리를 말함
- ④ : 프라이버시권은 개인이 타인의 간섭과 공적인 영역으로부터 고유의 정보를 노출시키지 않는 자유를 확보하는 권리를 말함

60 ④

텔레메틱스(Telematics)는 텔레커뮤니케이션+인포매틱스의 합성어로 무선통신과 GPS 기술이 결합되어 자동차 등 운송장비 안에서 다양한 이동통신 서비스를 제공하는 기술을 의미한다. 자동차 안에서 외부의 정보를 수집하여 제공하는 것으로 네비게이션, 위치정보, 교통정보, 자율 주행차 등에 활용된다.

01 ④	02 ②	03 ④	04 ④	05 ②
06 ③	07 ①	08 ①	09 ①	10 ②
11 ③	12 ③	13 ①	14 ③	15 ④
16 ③	17 ①	18 ③	19 ①	20 ②
21 ①	22 ④	23 ①	24 ③	25 ②
26 ④	27 ④	28 ①	29 ②	30 ①
31 ④	32 ①	33 ③	34 ①	35 ④
36 ①	37 ②	38 ④	39 ①	40 ④
41 ③	42 ③	43 ③	44 ①	45 ①
46 ③	47 ③	48 ③	49 ③	50 ②
51 ①	52 ②	53 ③	54 ③	55 ①
56 ②	57 ④	58 ④	59 ④	60 ③

1과목   워드프로세싱 용어 및 기능

01 ④
PDF 형식 등의 문서는 워드프로세서로 변환할 수 있다.

02 ②
수정 상태에서 [Back Space]를 누르면 앞 글자가 지워지고 뒷글자로 채워진다.

03 ④
주 메뉴는 [Alt]를 누른 후 메뉴 옆에 영문을 선택하여 호출한다.

04 ④
프린터 드라이버(Printer Driver)는 워드프로세서에서 산출된 출력값을 특정 프린터 모델이 요구하는 형태로 번역해 주는 소프트웨어를 말한다.

05 ②
불필요한 문서는 지체 없이 폐기한다.

06 ③
혼합형 분류법은 문서를 주제별, 명칭별, 형식별 등 다양한 방법으로 혼합하여 분류한다.

07 ①
인쇄 미리보기에서 전체 윤곽을 확인할 수 있으나, 파일로 인쇄는 인쇄 창에서 실행할 수 있다.

08 ①

오답 피하기

• 병합(Merge) : 두 개 이상의 문서를 하나로 합치는 기능
• 정렬(Align) : 문서 전체 또는 일부분을 왼쪽, 가운데, 오른쪽 등의 기준으로 위치시키는 기능
• 기본값(Default) : 명령이나 기능 등이 기본적으로 설정된 값

09 ①

오답 피하기

• 필터링(Filtering) : 작성된 이미지를 필터 기능을 이용하여 새로운 이미지로 바꾸는 기능
• 오버프린트(Overprint) : 문자 위에 겹쳐서 문자를 중복으로 인쇄하는 작업
• 스프레드(Spread) : 대상체의 컬러가 배경색의 컬러보다 옅을 때 배경색에 가려 대상체가 보이지 않는 현상

10 ②
함께라면 누군가와
갈 길이 아무리 멀어도 갈수 있습니다.
• 자리 바꾸기 :
• 사이 띄우기 :
• 글자 삭제 :

11 ③
• ⌐ : 줄 바꾸기
• ⌐ : 줄 삽입
• ✓ : 사이 띄우기

오답 피하기

• ① : (수정), (삭제하기), (줄 바꾸기)
• ② : (자리 바꾸기), (줄 잇기), (원래대로 두기)
• ④ : (내어쓰기), (사이 띄우기), (붙이기)

12 ③
시행문을 정정한 때에는 문서의 여백에 정정한 글자 수를 표기하고 관인을 찍어야 한다.

13 ①
위지윅(WYSIWYG; What You See Is What You Get)은 '보는 대로 얻는다'라는 뜻으로, 전자출판에서 편집 과정을 편집자가 의도한 대로 구현할 수 있는 방식을 의미한다.

14 ③
저장할 때 [도구]–[문서 암호]에서 암호를 설정하거나 [저장 설정]에서 백업 파일이 만들어지도록 설정할 수 있다.

오답 피하기

• [저장]이란 현재 작업 중인 주기억 장치의 내용을 보조 기억 장치로 이동시키는 기능으로, 문서 전체를 저장하거나 블록을 지정하여 문서 일부분에 대해 저장할 수 있음
• [다른 이름으로 저장하기] 대화상자에서 새 폴더 만들기, 파일의 삭제 등을 할 수 있음

15 ④
인쇄할 때 인쇄 용지 크기를 확대하거나 축소하여 출력할 수 있다.

16 ③
• 문서의 보관 : 문서의 편철이 끝난 날이 속하는 연도의 말일까지 처리과에서 보관
• 문서의 보존 : 보관이 끝난 문서를 폐기하기 전까지 처리과에서 1년, 3년, 5년, 10년, 30년, 준영구, 영구의 7종으로 구분하여 보존

17 ①

스타일(Style)은 일관성 있는 문단 모양과 글자 모양을 설정하여 통일성 있는 문서를 작성할 수 있다.

- 매크로(Macro) : 일련의 작업 순서를 키보드의 특정 키에 기록해 두었다가 필요할 때 한 번에 재실행해 내는 기능
- 워드 랩(Word Wrap) : 줄의 끝에 있는 영어 단어가 다음 줄까지 이어질 때 단어를 다음 줄로 넘겨 단어 파악을 쉽게 할 수 있는 기능
- 아이콘(Icon) : 그래픽 사용자 인터페이스를 제공하는 컴퓨터에서 각종 명령이나 기능을 선택하기 위한 작은 그림

18 ③

- 다단 편집 : 하나의 화면을 2단 이상으로 나누어 편집하는 기능
- 편집 화면 나누기 : 하나의 화면을 가로 또는 세로로 나누어 편집하는 기능

19 ①

두문에는 행정기관명, 수신(경유)을 기재한다.

- 본문 : 제목, 본문 내용, 붙임
- 결문 : 발신인(처리 담당자), 기안자, 검토자, 시행 일자, 접수 일자, 주소 등

20 ②

전자문서를 행정기관의 홈페이지 또는 공무원의 공식 전자우편 주소를 이용하여 발송할 수 있다.

2과목 PC 운영체제

21 ①

Shift +[다시 시작]을 선택하거나, [시작]-[설정]-[업데이트 및 보안]-[복구]-[지금 다시 시작]을 눌러 나오는 [고급 옵션] 창에서 다양한 옵션을 선택하여 부팅할 수 있다.

22 ④

상태 표시줄은 현재 사용하는 드라이브와 폴더의 위치가 표시되는 곳이다. 폴더 이름을 선택하면 해당 폴더로 이동하는 공간은 주소 표시줄이다.

23 ①

디스크 포맷은 디스크 드라이브의 바로 가기 메뉴에서 [포맷]으로 할 수 있다.

24 ③

사용자 계정에서 암호를 설정한 후 [다시 시작할 때 로그온 화면 표시]를 체크하여 화면 보호기의 암호를 사용할 수 있다.

25 ②

프린터 속성은 일반, 공유, 포트, 고급 탭 등으로 구성되어 있고 그 중 [공유] 탭에서 [이 프린터 공유]를 설정할 수 있다.

26 ④

[제어판]의 [프로그램 및 기능]은 컴퓨터에 설치된 앱 목록을 확인하고 제거하는 곳이며, 하드웨어의 제거는 [장치 관리자]에서 실행한다.

27 ④

[기본 프로그램]은 Windows에서 기본적으로 사용할 프로그램을 선택하는 기능이며, 컴퓨터에 설치된 특정 프로그램에 대한 제거나 변경은 [제어판]의 [프로그램 및 기능]을 사용한다.

28 ①

시스템 속성 창은 [제어판]의 [시스템]을 실행하여 열 수 있다.

29 ②

현재 사용 중인 드라이브는 포맷할 수 없다.

30 ①

- 플러그 앤 플레이(PnP) : 컴퓨터에 새로운 하드웨어를 설치하면 자동으로 인식하는 기능
- 보안이 강화된 방화벽 : 해커나 악성 소프트웨어가 네트워크나 인터넷을 통해 컴퓨터를 액세스하는 것을 상황에 따라 지능적 또는 사용자 임의로 보안을 설정하고 관리
- 그래픽 사용자 인터페이스(GUI) : 사용자에게 편리한 사용 환경으로 그림으로 된 그래픽 아이콘을 마우스와 키보드를 통해 실행하여 정보를 교환하는 방식

31 ④

휴지통에서는 폴더나 파일을 만들 수 없다.

32 ①

■ + R : 실행 대화상자 열기

33 ①

원드라이브(OneDrive)는 클라우드 저장소로 파일 탐색기와 동기화하여 연동할 수 있다.

스티커 메모는 종이에 메모하듯 일정이나 전화번호 등을 바탕 화면에 메모지로 표시하여 입력하는 앱이다.

34 ①

그림판은 레이어와 제도 작업을 할 수 없다.

35 ④

네트워크 환경 설정은 [제어판]의 [네트워크 및 공유 센터]에서 할 수 있다.

36 ①

[프린터] 메뉴 중 [모든 문서 취소]는 스풀러에 저장된 모든 문서의 인쇄를 취소한다.

37 ②

휴지통의 바탕 화면 표시 설정은 [개인 설정]-[테마]에서 [바탕 화면 아이콘 설정]을 클릭하여 변경할 수 있다.

38 ④

FTP는 파일의 송수신 기능이고, TELNET은 원격 접속 기능이다.

39 ①

[디스크 조각 모음 및 최적화]가 진행 중에 컴퓨터를 사용할 수 있으나, 처리 속도를 향상하기 위해 되도록 컴퓨터의 사용을 멈추는 것이 좋다.

40 ④

DNS 서버는 인터넷을 사용할 때 문자로 되어 있는 도메인을 숫자로 된 IP 주소로 바꾸어주는 서버이며, 기본 설정 DHCP 서버는 동적인 IP 주소를 할당해 주는 서버이다.

3과목　PC 기본상식

41 ③

연산 장치는 산술과 논리 연산을 담당하며, 제어 장치는 명령을 해석하고 감시하며 감독하는 기능을 한다.

42 ③

구글은 오픈 소스인 안드로이드 운영체제를 사용한다.

오답 피하기

- 애플 : iOS 운영체제
- 윈도우폰 : 마이크로소프트(MS) 운영체제
- 클라우드 OS : 웹에서 바로 구동할 수 있는 OS

43 ③

워크스테이션은 네트워크에서 주로 서버(Server) 역할을 담당한다.

44 ①

POP3는 메일 서버에 도착한 이메일을 사용자의 컴퓨터로 가지고 오는 메일 서버이다.

45 ①

오답 피하기

- 캐시 메모리(Cache Memory) : 고속의 CPU와 주기억 장치 사이에 존재하며 처리 속도를 향상시키는 기능을 가진 고속 버퍼 메모리
- 가상 메모리(Virtual Memory) : 보조 기억 장치의 일부를 주기억 장치처럼 사용하는 메모리
- 연관 메모리(연상 기억 장치, Associative Memory) : 주소를 사용하지 않고 기억된 데이터의 내용으로 접근하는 방식의 메모리

46 ③

화면 주사율은 화면에 갱신되는 빈도수로 높을수록 자주 갱신되므로 더 부드럽게 표시된다.

오답 피하기

- 해상도 : 모니터의 이미지 정밀도를 나타내는 지표로 픽셀로 구성
- 픽셀 : 모니터 화면을 구성하는 가장 작은 단위
- 주파수 대역폭 : 모니터가 처리할 수 있는 주파수의 폭

47 ③

실린더는 디스크의 중심축으로부터 같은 거리에 위치하는 트랙들의 모임을 말한다.

오답 피하기

클러스터는 하드 디스크의 중심축으로부터 같은 거리에 있는 섹터들의 집합을 말한다.

48 ③

증강현실(AR)은 현실 세계에 3차원 가상 물체를 겹쳐 보여주는 기술이다.

오답 피하기

- ① : WiFi는 무선랜 기술
- ② : NFC(Near Field Communication) 기능
- ④ : 테더링(Tethering) 기능

49 ③

멀티미디어는 사용자의 선택에 따라 한 방향뿐만이 아니라 여러 방향으로 데이터를 처리하는 비선형성의 구조를 가지는 특징이 있다.

50 ②

캐싱(Caching)은 자주 사용하는 사이트의 자료를 하드 디스크에 저장하였다가 사용자가 다시 그 자료에 접근하면 빠르게 보여주는 기능이다.

오답 피하기

- 쿠키(Cookie) : 사용자의 방문 날짜와 그 사이트에서의 행동을 기록한 정보가 있는 파일
- 로밍(Roaming) : 서로 다른 통신 사업자의 서비스 지역에서도 통신이 가능하게 연결해 주는 서비스
- 스트리밍(Streaming) : 인터넷에서 음성이나 영상, 애니메이션 등을 실시간으로 재생하는 기법

51 ①

JAVA는 객체 지향 프로그래밍 언어로 네트워크를 이용한 분산 작업이 가능하도록 설계되었다.

52 ④

오답 피하기

- BCD 코드 : 6비트의 크기로 8421코드라고도 함
- ASCII 코드 : 7비트의 크기로 자료 처리나 통신 시스템에 사용
- EBCDIC 코드 : 8비트의 크기로 입출력 장치와 범용 컴퓨터에서 사용

53 ③

프리웨어는 누구나 무료로 사용하는 것이 허가된 공개 소프트웨어이나, 누구나 소스를 수정 및 배포할 수는 없다. 오픈소스 소프트웨어는 개발자가 소스를 공개한 소프트웨어로 누구나 수정 및 배포가 가능하다.

54 ③

BMP는 Windows 표준 비트맵 파일 형식이나 웹 그래픽 표준 방식은 아니며, 데이터의 압축이 지원되지 않아 그림의 입출력 속도가 빠르나 파일의 크기가 크다.

55 ①

MOV는 애플사에서 만든 동영상 파일 형식이다.

56 ②

오답 피하기

- DNS(Domain Name System) : 영문자로 된 도메인 주소를 숫자로 된 IP 주소로 변환시키는 시스템
- 게이트웨이(Gateway) : LAN과 공중 통신망 등을 접속하는 장치
- NAT(Network Address Translation) : 사설 IP 주소를 공인 IP 주소로 바꿔주는 주소 변환기

57 ④

부동 소수점은 고정 소수점에 비해 큰 수나 작은 수를 표현하기 때문에 처리 시간이 많이 걸린다.

58 ④

- NFC(Near Field Communication) : 무선 태그 기술로 10cm 이내의 가까운 거리에서 기기 간의 설정 없이 다양한 무선 데이터를 주고받는 통신 기술
- SSO(Single Sign On) : 한 번의 로그인으로 기업 내의 각종 업무 시스템이나 인터넷에 접속할 수 있도록 하는 기술

59 ④

근접 센서는 물체가 접근했을 때 위치를 검출하는 센서이다.

> **오답 피하기**
> - 킬 스위치(Kill Switch) : 휴대폰의 도난이나 분실에 대비하여 정보기기를 원격으로 조작해 개인 데이터를 삭제하고 사용을 막는 기능
> - 화면 잠금 기능 : 화면을 일정 시간이 지나면 잠그는 기능
> - 모바일 OTP를 통한 인증 기능 : 고정된 비밀번호가 아닌 일회용 비밀번호를 생성하여 인증하는 기능

60 ③

파밍(Pharming)은 피싱 기법의 일종으로 사용자가 자신의 웹 브라우저에서 정확한 주소를 입력해도 가짜 웹 사이트로 이동하게 되어 개인 정보를 훔치는 행위이다.

01 ③	02 ②	03 ①	04 ④	05 ③
06 ②	07 ③	08 ④	09 ②	10 ④
11 ③	12 ③	13 ①	14 ③	15 ④
16 ②	17 ②	18 ④	19 ②	20 ②
21 ①	22 ②	23 ③	24 ④	25 ②
26 ①	27 ②	28 ②	29 ④	30 ④
31 ④	32 ④	33 ③	34 ②	35 ①
36 ④	37 ③	38 ①	39 ①	40 ①
41 ②	42 ③	43 ③	44 ③	45 ②
46 ①	47 ④	48 ①	49 ①	50 ②
51 ①	52 ①	53 ③	54 ③	55 ②
56 ②	57 ①	58 ①	59 ③	60 ④

1과목 워드프로세싱 용어 및 기능

01 ③

저장 장치에는 하드 디스크, USB, CD-ROM 등이 있고, 디지타이저, 터치 패드는 입력 장치이다.

02 ②

> **오답 피하기**
> - 소프트 카피 : 화면을 통해 결과물을 표시하는 기능
> - 레이아웃 : 문서 작성에서 본문의 표제, 그림, 표 등을 페이지의 적당한 위치에 균형 있게 배치하는 기능
> - 옵션 : 명령이나 기능을 수행할 때 선택할 수 있는 항목을 모두 보여주는 것
> - 홈베이스 : 특정 영역을 기억해 둔 다음 특정 키로 바로 이동

03 ①

저장 폴더는 워드프로세서 화면의 위에 있는 제목 표시줄에 표시된다.

04 ④

파일로 인쇄하면 프린터 파일(*.prn) 형식으로 저장되고 종이로 인쇄되지 않는다.

05 ③

> **오답 피하기**
> - 비트맵 : 점으로 글꼴을 표현한 방식으로 확대하면 계단 현상 발생
> - 트루타입 : Windows에서 기본적으로 제공되는 글꼴로 위지윅 기능을 제공
> - 포스트스크립트 : 글자의 외곽선 정보를 그래픽 소프트웨어에 제공하며 그래픽과 텍스트를 종이, 필름, 모니터 등에 인쇄하기 위한 페이지 설명 언어

06 ②

문서의 찾을 방향은 위쪽, 아래쪽, 문서 전체에 대해 검색할 수 있다.

07 ③

> **오답 피하기**
> - ① : 특수문자 입력
> - ② : 차트 만들기 기능
> - ④ : 한자 단어 사전에 등록

08 ④

전자결재가 끝난 문서는 별도로 출력을 하지 않아도 된다.

09 ②

PDF는 레이아웃을 유지하면서 표시하기 좋은 전자문서의 문서 형식이다.

오답 피하기
- XML : 동일한 데이터를 서로 다른 형식으로 저장하는 두 시스템 사이에서 데이터 전송 등의 기능을 하는 다목적 마크업 언어
- JPG : 그림 파일 형식
- HTML : 웹 문서 파일 형식

10 ④

오답 피하기
- 두문(머리말) : 각 페이지의 위쪽에 고정적으로 들어가는 글
- 미문(꼬리말) : 각 페이지의 아래쪽에 들어가는 글
- 각주 : 문서의 보충 설명으로 해당 페이지의 하단에 표기하는 것으로 각주가 많아지면 본문의 길이가 짧아질 수 있음

11 ③

ᕤ(삭제), ᕦ(줄 잇기), ⌒(붙이기)

오답 피하기
- ① : ᒥ(내어쓰기), ᕤ(삭제하기), ⌐(줄 바꾸기)
- ② : ᑎ(자리 바꾸기), ᐳ(줄 삽입), ✪(원래대로 두기)
- ④ : ᒪ(들여쓰기), ✓(사이 띄우기), ᕦ(줄 잇기)

12 ③

③의 줄 바꾸기, 줄 잇기는 서로 상반되는 교정부호이다.

오답 피하기
- ① : 사이 띄우기, 삭제하기
- ② : 삽입, 되살리기
- ④ : 끌어 올리기, 내어쓰기

13 ①

오답 피하기
- ② : 거래처별 분류법
- ③ : 지역별 분류법
- ④ : 번호식 분류법

14 ③

전자출판 자료를 다른 개체와 연결 또는 포함하여 편집(OLE)할 수 있다.

오답 피하기
위지윅(WYSIWYG)은 화면에 표현된 그대로 출력 결과를 얻을 수 있다는 의미이다.

15 ④

전자문서이므로 재가공하여 사용하는 것이 가능하다.

16 ②

맞춤법 검사 기능으로 수식이나 화학식의 맞춤법 검사는 할 수 없지만, 문서의 특정 부분만 범위를 지정하여 검사할 수 있고, 문법적인 오류를 수정할 수 있다.

17 ②

복잡한 내용은 먼저 결론을 내린 후 이유를 길게 설명하는 것이 좋다.

18 ④

외래어는 외래어 표기법에 맞추어 표기한다.

19 ②

공고 문서는 고시 또는 공고가 있은 후, 5일이 경과한 날부터 효력이 발생한다.

오답 피하기
일반 문서는 수신자에게 도달된 때, 전자 문서는 수신자의 컴퓨터에 파일로 기록된 때 효력이 발생한다.

20 ②

각각의 행정기관 모두가 기안하는 것이 아니라, 문서 처리를 주관하는 곳에서만 기안하면 된다.

2과목 PC 운영체제

21 ①

안전 모드로 부팅하는 방법은 [시작]-[전원]-[다시 시작]을 누를 때 Shift 를 함께 누르는 방법이 있다. 그 외에 [다시 시작]을 눌러 나오는 메뉴의 [문제 해결]에서 [고급 옵션]-[시작 설정]에서 안전 모드로 부팅하거나, [시스템 구성] 창의 [부팅]-[안전 모드]를 선택할 수 있다.

22 ①

오답 피하기
[폴더 옵션] 창은 [일반], [보기], [검색] 탭으로 구성되어 있으며 ②는 보기 탭에서 설정할 수 있고, ③, ④는 일반 탭에서 설정할 수 있는 작업이다.

23 ③

파일이나 폴더의 이름 바꾸기를 하려면 F2 키 또는 마우스로 클릭 후 다시 한 번 클릭하여 변경할 이름을 입력해야 한다.

24 ④

오답 피하기
①은 에어로 피크(Aero Peek)에 대한 설명이고, ②, ③은 에어로 셰이크(Aero Shake)에 대한 설명이다.

25 ②

오답 피하기
- ROM BIOS(Basic Input Output System) : 롬에 저장되어 있고 부팅에 필요한 가장 기본적인 프로그램을 메모리, 디스크, 모니터와 같은 주변 기기 사이의 정보 전송을 관장
- POST(Power On Self Test) : ROM BIOS가 실행되는 과정으로 문제가 발생하면 부팅을 중단
- MBR(Master Boot Record) : 하드 디스크의 파티션 정보를 저장하는 첫 번째 섹터

26 ①

[복구]는 PC가 제대로 실행되지 않는 경우 초기화하도록 하는 기능으로, 개인 파일을 유지하거나 제거하도록 선택할 수 있으며 Windows를 다시 설치해야 한다.

27 ①

[디스크 조각 모음 및 최적화]는 디스크의 접근 속도를 향상하는 것은 가능하나, 용량 증가는 하지 못한다. 디스크의 용량을 증가시키는 것은 디스크 정리이다.

28 ②

휴지통 아이콘의 바로 가기 메뉴에서 시작 화면에 고정하거나 제거할 수 있으나 작업 표시줄에 고정할 수는 없다.

29 ④

캡처된 화면에 펜이나 형광펜으로 쓰거나 삭제할 수 있으나 캡처된 화면 자체를 수정하는 기능은 없다.

30 ④

한글 Windows 10은 화면 보호기 설정에서 [다시 시작할 때 로그온 화면 표시]를 선택하면 보호기 실행 중 컴퓨터를 다시 시작할 때 사용자 계정에서 설정한 암호를 입력해야 한다.

31 ④

Windows 업데이트는 [시작]-[설정]-[업데이트 및 보안]-[Windows 업데이트]에서 선택하며 Windows의 새로운 기능과 보안 개선 사항에 대한 업데이트가 진행된다.

32 ④

장치 관리는 제어판의 [장치 관리자]에서 설정한다.

오답 피하기

관리 도구는 Windows 관리를 위한 도구로 시스템 구성 및 정보 고급 사용자용 도구가 포함되어 있다. 관리 도구 항목에는 구성 요소 서비스, 이벤트 뷰어, 컴퓨터 관리, ODBC 데이터 원본(64비트), 성능 모니터, 서비스로 구성되어 있다.

33 ③

파일은 만든 날짜, 수정한 날짜, 엑세스한 날짜를 확인할 수 있지만, 폴더는 만든 날짜만 확인 가능하다.

34 ②

②는 사용자 계정에 대한 설명이다.

35 ①

바탕 화면이 아니라 작업 표시줄의 빈 영역의 바로 가기 메뉴에서 [작업 관리자]를 선택한다.

36 ④

이미지 뷰어 프로그램은 이미지 파일을 열어볼 때 사용하는 프로그램으로 뷰어 프로그램을 실행하는 것은 네트워크 연결과 무관하게 실행할 수 있다.

37 ③

msconfig는 [시스템 구성] 창으로 시작 모드, 부팅 옵션, 서비스 상태 등을 표시하는 명령어이다.

오답 피하기

• ping : 입력한 IP주소가 네트워크에 잘 연결되어 있는지 확인하는 명령어
• finger : 지정된 시스템의 사용자에 대한 정보를 표시
• ipconfig : 컴퓨터의 인터넷 연결에 관한 정보를 확인

38 ①

Windows Defender 방화벽은 [설정]-[업데이트 및 보안]-[Windows 보안]이나 [제어판]의 [Windows Defender 방화벽]에서 설정한다.

39 ①

Microsoft Edge를 사용할 수 있는 장치는 Android, iOS, Windows 및 macOS이다.

40 ①

IPv6는 128비트로 16진수 8자리로 콜론(:)으로 구분한다.

3과목 PC 기본상식

41 ②

컴퓨터 규모에 의한 분류로는 마이크로 컴퓨터 → 미니 컴퓨터(중형) → 메인 프레임 컴퓨터(대형) → 슈퍼 컴퓨터 순서이므로 미니 컴퓨터가 마이크로 컴퓨터보다 크다. 처리 용량과 속도도 미니 컴퓨터가 마이크로 컴퓨터보다 빠르다.

42 ③

산술 연산 및 논리 연산을 일시적으로 기억하는 것은 누산기(ACC)이다.

43 ③

오답 피하기

• 허브(Hub) : 비교적 가까운 거리의 여러 대의 컴퓨터를 연결하는 장치
• 리피터(Repeater) : 거리가 멀어질수록 감소하는 디지털 신호를 장거리 전송하기 위해 수신한 신호를 증폭하여 전송하는 장치
• 라우터(Router) : 가장 최적의 경로를 설정하여 전송하고, 데이터의 흐름을 제어

44 ③

오답 피하기

• 시분할 처리 시스템 : 속도가 빠른 CPU의 처리 시간을 분할하여 여러 개의 작업을 연속으로 처리하는 방식
• 실시간 처리 시스템 : 자료가 들어오는 즉시 처리하는 방식
• 분산 처리 시스템 : 네트워크로 연결된 컴퓨터에 의해 작업과 자원을 분산하여 처리하는 방식

45 ②

펌웨어는 주로 ROM에 저장되며, 최근에는 읽기, 쓰기가 가능한 플래시 롬에 저장되기 때문에 내용을 쉽게 변경, 추가, 삭제할 수 있다.

46 ①

- 샘플링(Sampling) : 아날로그 파형을 디지털 파형으로 변환하기 위해 표본화를 하는 작업
- 로딩(Loading) : 필요한 데이터를 보조 기억 장치에서 주기억 장치로 옮기는 일
- 시퀀싱(Sequencing) : 입력된 데이터를 순차적으로 실행하는 것

47 ④

- 해상도 : 모니터 등의 출력 장치가 내용을 얼마나 선명하게 표현할 수 있느냐를 나타내는 단위
- 주파수 대역폭 : 신호 전류에 포함된 성분 주파수의 최댓값에서 최솟값을 뺀 수
- 픽셀 : 모니터 화면에 나타나는 각각의 점으로 화면을 구성하는 단위

48 ①

레지스터는 CPU가 데이터를 처리하는 동안 사용한 값이나 연산의 중간 결과를 일시적으로 저장해 두기 위한 CPU 내의 고속 저장 장치이다. 액세스 속도가 빠른 순에서 느린 순으로 정리하면, CPU 내부 레지스터 → 캐시 메모리 → 주기억 장치 → HDD(하드 디스크) → FDD(플로피디스크) 순서이다.

49 ①

실행 파일뿐만 아니라 일반 파일에도 바이러스는 감염될 수 있다.

50 ②

서비스 프로그램은 처리 프로그램에 속한다. 운영체제는 제어 프로그램과 처리 프로그램으로 구성된다. 제어 프로그램에는 감시 프로그램, 작업 관리 프로그램, 데이터 관리 프로그램이 있고, 처리 프로그램에는 언어번역, 서비스, 문제처리 프로그램이 속한다.

51 ①

약어를 사용하여 간결하고 짧게 표현해야 하나 너무 많은 사용은 자제해야 한다.

52 ①

MP3는 MPEG에서 규정한 MPEG-1에서 오디오 압축 기술만 분리한 MPEG Audio Layer3 압축 기술을 이용하여 음반 CD 수준의 음질을 유지하면서 파일 크기를 1/12 정도까지 압축할 수 있다.

53 ①

- 가로채기(Interception) : 송신한 데이터를 수신자까지 가는 도중에 몰래 보거나 도청하는 행위로 비밀성에 대한 위협
- 수정(Modification) : 메시지를 원래의 데이터가 아닌 다른 내용으로 바꾸는 것으로 무결성에 대한 위협
- 위조(Fabrication) : 사용자 인증과 관계해서 마치 다른 송신자로부터 데이터가 온 것처럼 꾸미는 것으로 무결성에 대한 위협

54 ③

인터럽트는 프로그램 실행 중 예기치 못한 일이 발생하는 것으로 외부, 내부, 소프트웨어 인터럽트가 있으며 우선순위에 따라 실행된다. 트랩은 내부 인터럽트에 속한다.

55 ②

- 네트워크 계층 : 네트워크 접속에 필요한 데이터 교환 기능을 제공하고 관리하는 계층
- 세션 계층 : 송수신 프로세스 간에 대화를 설정하고 그 사이의 동기를 제공하는 계층
- 응용 계층 : 네트워크를 이용하는 응용 프로그램으로 구성되는 계층

56 ②

- XML : 기존의 HTML언어의 단점을 보완하여 사용자가 새로운 태그와 속성을 정의할 수 있는 확장성을 가짐
- UML(통합 모델링 언어) : 객체 지향 분석/설계 모델링 언어로 신뢰성이 높은 언어
- HTML : 인터넷 표준 문서인 하이퍼텍스트 문서를 작성하는 언어

57 ①

위성에서 보내는 신호를 수신해 사용자의 현재 위치를 알아내는 시스템은 GPS이다. 증강현실(Augmented Reality)은 현실 세계의 배경에 3D의 가상 이미지를 중첩하여 영상으로 보여 주는 기술이다.

58 ①

- IoT : 사물 인터넷으로 사물에 센서를 부착하여 인터넷으로 연결되어 서로 정보를 주고받는 기술
- USN : 필요한 모든 사물에 전자태그를 부착해(Ubiquitous) 사물과 환경을 인식하고(Sensor) 네트워크(Network)를 통해 실시간 정보를 구축하여 활용하도록 하는 통신망
- RFID : 전자태그 기술로 IC칩과 무선을 통해 식품 · 동물 · 사물 등 다양한 개체의 정보를 관리할 수 있는 인식 기술

59 ③

악성 코드 유포를 막기 위해 가급적 멀티미디어메시지(MMS)의 사용을 자제하며, 블루투스 기능은 사용할 때 켰다가 사용 후 끄는 것이 좋다.

60 ④

④는 핑(Ping)에 대한 설명이며, 핑거(Finger)는 특정 시스템을 사용하고 있는 사용자에 대한 정보를 알아보기 위한 명령이다.

01 ②	02 ④	03 ③	04 ①	05 ②
06 ③	07 ③	08 ③	09 ④	10 ②
11 ④	12 ④	13 ③	14 ④	15 ③
16 ②	17 ②	18 ④	19 ③	20 ②
21 ②	22 ④	23 ③	24 ①	25 ②
26 ②	27 ①	28 ①	29 ②	30 ④
31 ③	32 ①	33 ③	34 ③	35 ④
36 ④	37 ④	38 ④	39 ②	40 ②
41 ③	42 ③	43 ③	44 ②	45 ②
46 ②	47 ③	48 ②	49 ①	50 ③
51 ④	52 ②	53 ②	54 ③	55 ②
56 ③	57 ②	58 ①	59 ①	60 ②

1과목 워드프로세싱 용어 및 기능

01 ②

오답 피하기

자동 개행은 한 행의 문자가 채워지면 자동으로 다음 행의 첫 글자로 이동하는 기능이다.

02 ④

삽입이나 수정 상태일 때 모두 Back Space 를 누르면 앞 글자가 지워진다.

03 ③

워드프로세서에 따라 기본적으로 저장되는 확장자가 있지만 다른 형식으로 저장할 수 있다.

04 ①

교정부호는 문서의 글자색과 다른 색으로 눈에 잘 띄는 색을 사용해야 한다.

05 ②

하이퍼텍스트(Hypertext)의 기능은 관련된 텍스트를 클릭하여 다른 도움말로 이동할 수 있다.

06 ③

데이터 파일에는 주소록, Outlook 주소록, 한글 파일, 한셀 파일, 엑셀 파일, DBF 파일이 있다.

07 ③

한 부씩 찍기를 선택하면 1-2-3페이지를 반복하여 출력하고, 한 부씩 찍기를 선택하지 않으면 1페이지가 전부 출력된 후 2페이지, 3페이지순으로 출력된다.

08 ③

전자출판에는 디지털 환경이 필요하고, 디지털 환경을 바탕으로 출판의 효율성이 증가하고 있다.

09 ④

④는 정책 실명제에 대한 설명이다.

10 ②

화면의 확대는 화면만 확대하는 것으로 인쇄 크기와는 상관없다.

11 ④

벡터(Vector) 방식은 비트맵 방식과 비교하여 기억공간을 적게 차지하고, 비트맵 방식이 벡터 방식보다 기억공간을 많이 차지한다.

12 ④

블록(범위)을 설정하여 스타일을 지정할 수 있다.

13 ③

EDI의 3대 구성 요소는 EDI 표준(Standards), 사용자 시스템(User System), 통신 네트워크(VAN)이다.

14 ④

프린터 드라이버(Printer Driver)는 워드프로세서의 산출된 출력 값을 특정 프린터 모델이 요구하는 형태로 번역해 주는 소프트웨어이다.

15 ③

공문서의 두문에는 행정기관명, 수신(경유)을 표시한다. 제목은 본문에 해당한다.

16 ②

오답 피하기

• 옵션(Option) : 메뉴나 기능을 수행할 때 제시되는 선택 항목
• 색인(Index) : 문서의 내용을 쉽게 찾을 수 있도록 중요한 용어를 쪽 번호와 함께 수록한 목록
• 마진(Margin) : 문서 작성 시 페이지의 상·하·좌·우에 두는 공백

17 ②

맞춤법 검사(Spelling Check)에서 수식의 오류는 검사가 불가능하다.

18 ④

시각은 시:분:초 형식으로 가운데 콜론(:)으로 구분하여 표시한다.

19 ③

전자문서는 동시에 여러 사람이 열람할 수 있다.

20 ②

문서의 발송은 처리과에서 발송하고 처리과에서 전자이미지서명을 한다.

21 ②

로그아웃은 현재 사용 중인 앱을 모두 종료한 후 다시 로그인한다.

22 ②

포인터와 휠의 생성 및 삭제는 할 수 없다.

오답 피하기

- ① : [마우스 속성]-[포인터] 탭에서 마우스 포인터를 지정
- ③ : [마우스 속성]-[휠] 탭에서 한 번에 스크롤할 줄의 수를 지정
- ④ : [마우스 속성]-[단추] 탭에서 느림에서 빠름의 속도를 지정

23 ③

내레이터 시작은 화면의 내용을 읽는 화면 읽기 프로그램이고, 색상 변경이 화면에 색 필터를 적용하여 사진 및 색을 쉽게 변경하는 기능이다.

24 ①

[설정]-[프로그램 및 기능]에서는 새로운 앱을 설치할 수 없다.

25 ②

선택한 파일이나 폴더를 삭제하거나 이름 바꾸기를 하려면 [홈] 메뉴를 사용한다.

26 ②

CMOS는 쓰기가 가능하여 수정할 수 있다.

27 ①

임의의 폴더에 있는 문서 파일에 대해 연결 프로그램을 지정하면 시스템이 시작될 때가 아니라, 해당 파일이 실행될 때 자동으로 연결 프로그램이 실행된다.

28 ①

실행 중인 프린터 목록은 [장치 및 관리자]에서 해당 프린터의 [인쇄 작업 목록 보기] 창에서 확인하고 중지할 수 있다.

29 ②

같은 디스크 드라이브에 있는 다른 폴더로 파일을 복사할 경우에는 [Ctrl]를 누른 상태에서 마우스로 복사할 위치에 드래그 앤 드롭한다.

30 ④

날짜 계산에는 일정 관리, 알람 관리 기능은 없다.

31 ③

파일에 기본으로 사용할 기본 앱, 파일 형식별 앱 연결, 프로토콜별 앱 연결을 할 수 있으나 파일의 위치별 앱 설정은 할 수 없다.

32 ①

표준 사용자 계정을 삭제하여도 파일은 지워지지 않고 유지된다.

33 ③

기본 프린터는 자동으로 설정되는 것은 아니고 프린터를 추가할 때 설정하거나 이미 설치된 프린터에서 오른쪽 마우스를 클릭한 후에 기본 프린터로 설정할 수 있다.

34 ③

시스템 정보에서는 내 컴퓨터 시스템의 하드웨어와 소프트웨어의 여러 가지 정보가 표시된다. [시작]-[Windows 관리 도구]-[시스템 정보]를 선택하면 하드웨어 리소스, 구성 요소, 소프트웨어 환경을 확인할 수 있다.

35 ④

[시작 화면에 고정]을 누르면 시작 메뉴의 타일에 고정되어 표시된다.

36 ④

공유 폴더의 동시 사용자 수는 최대 20으로 지정할 수 있다.

37 ④

IPv6에는 Class 개념이 없다.

38 ④

오답 피하기

[디스크 관리] 기능은 컴퓨터에 설치된 하드 디스크의 파티션 재설정이나 열기, 탐색 포맷 등을 설정한다.

39 ②

기본 브라우저에서 시작 그룹을 특정 페이지로 열 수 있으나 다른 브라우저로 변경은 할 수 없다.

40 ②

DNS 서버는 문자로 된 도메인 네임을 숫자로 된 IP주소로 바꾸어 주는 서버이다.

41 ③

오답 피하기

- 스캐너 : 그림이나 사진과 같은 영상 정보를 입력하는 장치
- OMR : 광학 마크 판독기(OMR)로, 특수한 연필이나 사인펜으로 마크한 카드를 판독하는 장치
- MICR(자기 잉크 문자 판독기) : 자성을 가진 특수잉크로 기록된 문자를 판독하는 장치

42 ③

워크스테이션은 RISC 마이크로프로세서를 사용한다.

43 ③

컴퓨터 바이러스 백신의 제작은 컴퓨터 범죄가 아니라 바이러스를 예방하고 치료해 주는 역할이다.

44 ②

프리웨어는 공개 소프트웨어로 누구나 무료로 사용하는 것이 허가된 프로그램이나 저작권이 있으므로 누구나 수정이 가능한 것은 아니다. 개발자가 소스를 공개한 소프트웨어로 누구나 수정 및 배포가 가능한 것은 오픈소스 소프트웨어이다.

45 ②

오답 피하기

• 로더 : 컴퓨터 프로그램을 주기억 장치에 적재하고 실행되도록 하는 역할
• 프로세스 : 연속적으로 실행되고 있는 컴퓨터 프로그램
• 쉘 : 입력된 명령어의 해석기 역할

46 ②

광섬유 케이블은 리피터의 설치 간격을 넓게 설계한다.

47 ③

오답 피하기

• 은닉 바이러스 : 메모리에 상주하고 있으며 다른 파일을 변형한 사실을 숨기고 있어 운영체제로부터 피해 사실을 숨기는 바이러스
• 논리 폭탄 : 프로그램 속에 오류를 발생시키는 서브루틴이 들어 있어 특정한 날짜와 시간, 파일의 변경, 사용자나 프로그램의 특정한 행동 등 조건을 만족하면 실행되는 바이러스
• 스크립트 바이러스 : 스크립트로 작성되었고 파일 안에 작성되어 있는 스크립트를 감염시키는 바이러스

48 ②

오답 피하기

• DNS : 사람이 기억하기 쉬운 문자로 된 도메인명을 컴퓨터가 이해할 수 있는 IP 주소로 바꿔주는 시스템
• 게이트웨이 : 프로토콜이 다른 네트워크를 연결시켜 주는 장치로 응용 계층을 연결하여 데이터 형식의 변환 및 프로토콜의 변환 등을 수행하며, 주로 LAN에서 다른 네트워크에 데이터를 보내거나 다른 네트워크로부터 데이터를 받아들이는 출입구 역할
• DHCP : 주소를 자동으로 설정하는 방식. 즉, 네트워크 관리자가 중앙에서 IP 주소를 관리하고 할당하며, 컴퓨터가 네트워크의 다른 장소에 접속되었을 때 자동으로 새로운 IP 주소를 보내주는 프로토콜

49 ①

부동 소수점 방식은 고정 소수점에 비해 수의 표현 범위가 넓고 큰 수나 작은 수를 표현하기 때문에 연산 속도가 느리고 시간이 많이 걸린다.

50 ③

오답 피하기

• 인트라넷 : 인터넷의 기술을 기업 내 정보 시스템에 적용한 것으로 전자우편 시스템, 전자결재 시스템 등을 인터넷 환경으로 통합하여 사용하는 것
• 엑스트라넷 : 기업에서 인터넷을 기반으로 한 네트워크를 구축하여 거래처는 물론 일반 고객과의 정보 교류 및 전자상거래를 하는 것
• 전자적문서교환(EDI) : 네트워크를 통한 업무의 교환 시스템으로 문서의 표준화를 전제로 운영됨

51 ④

오답 피하기

• POP : 전자우편을 수신하기 위한 프로토콜로, 주로 POP3를 사용
• IMAP : POP와 달리 전자우편의 제목이나 보낸 사람만 보고 메일을 다운로드할 것인지 선택할 수 있는 프로토콜
• SMPT : 전자우편을 송신하기 위한 프로토콜

52 ②

오답 피하기

• 그리드 컴퓨팅(Grid Computing) : 분산 병렬 컴퓨팅의 한 분야로 원거리 통신망(WAN)으로 연결된 서로 다른 기종의 컴퓨터들을 하나로 묶어 가상의 대용량 고성능 컴퓨터를 구성하여 고도의 연산 작업 혹은 대용량 처리를 수행하는 것
• 클라우드 컴퓨팅(Cloud Computing) : 하드웨어, 소프트웨어 등의 컴퓨팅 자원을 자신이 필요한 만큼 빌려쓰고 사용요금을 지불하는 방식의 컴퓨팅
• 웨어러블 컴퓨팅(Wearable Computing) : 유비쿼터스 컴퓨팅의 일종으로, 웨어러블 디바이스(Wearable Device)로 불리는 착용 컴퓨터는 안경, 시계, 의복 등과 같이 착용할 수 있는 형태로 된 컴퓨터를 의미

53 ②

광대역 종합 정보통신망(B-ISDN)은 광케이블을 사용하여 고화질의 동영상까지 전송할 수 있는 통신망이다.

오답 피하기

LAN은 자원 공유를 목적으로 학교, 연구소, 회사 등이 구내에서 사용하는 통신망이다.

54 ③

일차적인 책임자는 개인정보처리 담당자이며, IT 부서 책임자나 최고보안책임자도 책임자이다.

55 ②

워크스테이션은 CISC 프로세서가 아닌 RISC 마이크프로세서를 사용한다.

56 ③

프로그램의 실행은 '원시 프로그램 → 컴파일러 → 목적 프로그램 → 링커 → 로드모듈 → 로더 → 실행'으로 진행된다.

오답 피하기

인터프리터는 목적 프로그램을 생성하지 않는다.

57 ②

오답 피하기

• 기밀성 : 시스템 내의 정보와 자원은 인가된 사용자에게만 접근을 허용, 제3자가 읽지 못하도록 비밀성을 유지
• 부인 방지 : 데이터 송·수신한 자가 송·수신한 사실을 부인할 수 없도록 증거 제공
• 가용성 : 인가된 사용자는 언제라도 사용 가능

58 ①

프리미어는 어도비사에서 개발한 동영상 편집 프로그램이고, 나머지는 그래픽이나 이미지 제작 프로그램이다.

59 ①

오답 피하기

- SGML : 전자문서가 어떠한 시스템 환경에서도 정보의 손실 없이 전송, 저장, 자동처리가 가능하도록 국제표준화기구(ISO)에서 정한 문서 처리 표준
- ODA : 문자나 도형, 화상 등이 섞여 있는 멀티미디어 문서를 이종(異種) 시스템 간에 상호 교환하기 위한 문서 구조와 인터페이스
- APL : 1962년 IBM의 K.E. Iverson에 의해서 발표된 회화형 프로그래밍 언어. 연산의 중심이 벡터나 배열의 취급이며, 소프트웨어뿐만 아니라 하드웨어의 기능도 기술 가능

60 ②

테더링으로 노트북과 같은 IT 기기를 휴대폰에 연결하여 무선 인터넷을 사용할 수 있다.

오답 피하기

- 증강현실 : 기기에 내장된 카메라를 이용해 실제 사물이나 환경에 부가 정보를 표시하는 기술
- GPS : 인공위성 위치정보 신호를 수신하는 기술
- 블루투스 : 근거리에서 데이터의 무선 통신을 가능하도록 해주는 기술